GO FARTHER
もっと遠くへ
森保 一

夢を追って
17

DREAM

さらなる躍進を期待
され日本代表として
1993 年W杯アメリ
カ大会アジア予選に
出場したが、ドーハ
の悲劇を経験した。

1933年 10月 28日
W杯アメリカ大会アジア予選
DOHA

恩師オフト監督から多くを学んだ。技術面はもちろん、人としてのあり方を多く吸収した。この人に出会わなかったらいまはなかったかもしれない。

FIGHT !

闘魂

サンフレッチェ広島、京都パープルサンガ、ベガルタ仙台で守備的MFとしてプレー。キャプテンなども務め、チームメートから信頼され、主力としてチームを支え続けた。

NEVER GIVE UP
諦めない

ぽいち

森保一自伝

―雑草魂を胸に―

森保一／西岡明彦 著

新装版のためのはじめに

２０２２年12月カタールワールドカップでの激闘を終えて帰国した日本代表。関係者への挨拶回りやメディア対応で多忙な日々が続く中、私は友人数名と森保一の慰労会を開催しました。

ドイツとスペインに勝利した手応えとベスト8という目標に届かなかった悔しさを旧知の仲間に包み隠さず語っていた彼の意識は、すでに次のステージに向かっていました。その数日後、代表監督の続投要請を迷いなく受諾した森保。より高みを目指すための必要な計画作りに早速、着手したのでした。

１９９２年春、テレビ局でスポーツアナウンサーとしての職務を摑《つか》んだ私は広島に赴任します。真っ先にJリーグ開幕を翌年に控《ひか》え準備を進めているサンフレッチェ広島の練習場、呉市郷原《ごうはら》グラウンドに向かいました。

知人を介して面識があった現U‐17日本代表監督の森山佳郎《もりやまよしろう》さんから紹介を受け、初対面した森保。

屈託のない笑顔は今と全く変わりありませんでした。同世代だった私たちは意気投合し、練習後にランチを一緒に食べたり、趣味のゴルフに興じるなど親交を深めていきました。

練習では常に先頭に立ち、人一倍大きな声を出してチームを牽引していました。球際の激しさとボール奪取能力に長《た》けた彼のユニフォームは、練習後にはいつも汚まみれになっていました。その反面、ピッチを離れると面倒見の良いキャプテンとしてチームメートからの信頼を得ていました。

シーズン終了後には納会の幹事を務《つと》め、移籍が決まった選手や契約満了となった選手らを囲み、一年間の共闘を労《ねぎら》い別れの時を過ごしました。退団選手のスピーチが始まると真っ先に涙するのは森保でした。主将として一緒に戦った同僚を思う気持ちは誰よりも強かったのでした。


1993年10月、ドーハの悲劇は日本サッカー史にとって、世界を意識し、またその厳しさを痛感した試合でした。

試合終了間際に目の前で同点ゴールを決められ、あと一歩のところでW杯初出場を逃した森保は、試合映像を見直すことも回顧《かいこ》することもなかったそうです。

まるで彼の脳裏にある記憶を1日も早く取り除きたいと願うかのように……。

それから19年後の２０１２年秋、監督就任後1年目にしてサンフレッチェ広島を優勝に導いた森保。彼がドーハの悲劇を話題にしたことがありました。セレッソ大阪との大一番を翌日に控えた前日練習でのこと。「なぜもっと球際に激しくいけなかったのか。今でも覚えてるし、悔やんでいる。みんなには後悔してほしくないんだ」と。

自分自身の経験を選手に伝えることは極力控えていた森保の言葉に心を揺さぶられた選手たちはセレッソ戦で躍動、初制覇《せいは》を成《な》し遂《と》げたのでした。


選手時代の話題に話を戻しましょう。１９９７年年末、経営不振に陥ったサンフレッチェ広島は、高額な年俸を払っている主力選手を放出することで経営の立て直しを図《はか》りました。ＦＷ高木琢也《たくや》、ＧＫ前川和也、そしてＭＦ森保一の名前も含まれました。そして京都サンガＦＣが森保獲得に乗り出し、完全移籍での契約がまとまりました。

翌朝に地元紙がそのニュースを報じると、ファンがクラブ事務所に押しかけ、電話で撤回を求めるなど抗議行動に発展しました。事態の重大さを鑑《かんが》みた今西和男ＧＭが京都側に謝罪し契約内容の変更を懇願《こんがん》して、1年間の期限付き移籍に切り替えることで収束しました。ファンを思い真摯《しんし》な態度で接していた森保の存在が完全移籍撤回という、前代未聞の事態に至ったのです。

1年後広島に復帰した森保は2001年まで、クラブの屋台骨を支える中軸として愛される存在であり続けました。

キャプテンシーのある存在を求めていたベガルタ仙台からオファーを受け、2002年に移籍した森保は、J1の残留と定着のために奮闘していました。この頃、出版社から『ぽいち』発刊の依頼が私の元に届きました。「選手キャリアの半生を書籍として残せるならば」と、現役引退後に出版することを条件に森保自身も受諾、私はインタビュー取材のため定期的に仙台に足を運ぶ生活が始まりました。

すると残念なことに、取材を始めたシーズンに仙台が降格してしまいます。J1からオファーがなければ引退すると覚悟を決めていた彼は、その可能性が途絶えたと判断した直後にあっさりと身を引く決断を下したのでした。

『ぽいち』の執筆取材を始めていなければ、もう少し現役生活を続けられたのではないかと、私は今でも悔やんでいます。

現役引退後、U-20日本代表、広島、新潟のコーチを経て、広島の監督に就任したのが2012年のことでした。

就任後、真っ先に所属する全選手に電話を掛け、就任の挨拶と横一線の競争が待ち受けていることを意識付けしました。

また前任者であるミハイロ・ペトロヴィッチ監督の魅力的な攻撃を継承し守備戦術を微構築することで、3度のリーグ制覇を成し遂げました。理想とするスタイルを押し付けるのではなく、選手やクラブが培ってきた長所を活かすことで地方クラブの歴史を塗り替えることに成功したのでした。

東京五輪代表監督に就任しても選手やクラブへの配慮は相変わらずでした。

ある海外遠征でのこと。試合中に選手の一人が負傷離脱してしまいました。帰国後、森保は真っ先に当該選手の所属クラブに足を運び、クラブ関係者に負傷の経過報告と謝罪をしたのでした。

これまで電話で報告したり、協会関係者が訪問することはありましたが、監督自らが出向くことは異例でした。「選手を招集させて貰っている立場として当然のこと」と、森保は意に介さずといった様子でしたが、なかなか出来ることではありません。

代表監督に就任して以降、森保は欧州で活躍する選手たちのパフォーマンスを中継映像でチェックする機会が増えました。

スタッフで手分けして漏れなく確認しているようですが、会うたびに「昨日、ブンデスリーガ（ドイツ）の実況してたね」と、私の中継担当試合はほぼ視聴していました。選手のコンディションや特長を把握《はあく》するだけでなく、多彩な戦略を生み出すことにも繋がったのではないでしょうか。


カタールW杯終了後は、連日テレビ各局の報道番組に出演するなどプロモーション活動にも休みなく協力していました。

W杯の盛り上がりを一過性のものにせず、サッカーの話題がより日常的なものになるようにと考えての行動でした。

「代表監督に就任したということは24時間365日で日本サッカーの発展の為に尽力すること」が森保のポリシーであり、代表チームの強化が最優先ですが、普及活動やプロモーション活動にも精力的でした。カタールから帰国して以降の反響は我々の想像を超えていましたが、殺到するテレビ番組の出演や取材依頼は可能な限り対応していました。サービス精神旺盛な彼の言動は十分に感じて頂けたのではないでしょうか。

12月28日、森保の日本代表監督続投が発表されました。日本サッカー史上前例のない長期政権を築くことで、新しい景色を見るための新たな旅が船出しました。

日本サッカー協会の田嶋幸三会長は監督続投発表会見の席上で、「W杯ベスト8を目指す為に続投して頂くことが近道であること、また代表強化だけでなく育成面についても協力的な姿勢は日本サッカー界に大きな力になると判断し、彼に続投要請しました」と、指導力と真摯な人間性の両面での評価が要因になったことも明らかにしました。

常日頃から〝日本サッカー〟の発展の為に真摯に尽力する姿が評価されたのでした。

サッカーに限らず指導者はコーチや監督などさまざまな環境や立場での経験を経て、自身の哲学なるものが形成されていきます。カタールから帰国して彼が語った言葉、それは「選手個々の成長とともに自分自身も成長しなければいけない。

欧州の舞台で日々世界を意識して知識を蓄《たくわ》えていかなければいけない」でした。これまで以上に世界を意識している彼の表情はとても頼もしく見えました。

『ぽいち』は、彼の生い立ちから現役生活を終えるまで、いわばサッカーキャリアの半生を描いたものです。選手やコーチングスタッフなど、共に戦った人たち誰もが「森保さんのためなら」と、思いを一つにできる魅力を彼自身は持っています。

私も彼の人間性に魅了され、彼を心から尊敬する一人です。数々の修羅場《しゅらば》や苦境に遭遇《そうぐう》しても全くブレない森保の人間性の根幹が『ぽいち』には描かれています。

カタールW杯で日本中を沸かせた指揮官森保一の原点をこの本で感じて頂ければ幸いです。

西岡明彦

2023年1月

はじめに

1992年の春、大学時代の友人を介して面識のあったサンフレッチェ広島の森山佳郎選手から紹介されたのが、森保一との出会いだった。

地方テレビ局にアナウンサー兼記者として入社した私は、開幕を1年後に控えたJリーグの盛り上がりを取材するため、広島の練習場に通う日々を過ごしていた。

折しも、ハンス・オフト氏が監督に就任した日本代表のメンバーに初招集された24歳の森保。現在に比べるとまだまだマスメディアが日本代表を大きく取り上げる時代ではなかったあの頃、「こいつ、日本代表の森保」と、森山選手に紹介されたことを鮮明に記憶している。「よろしくお願いします」と笑顔で挨拶してきた彼に対し、新人の私は緊張のあまり何を話していいのか、全くアイデアが浮かばなかったことを……。

その後、選手とジャーナリストという立場を越え、公私ともに付き合うことができたのは、彼の持つ誰とでも素直に本音《ほんね》で接するキャラクターがあったからこそである。数々の思い出の中で、彼の人間性を表現するに相応《ふさわ》しい2つのトピックスをここで紹介したい。

1997年オフに突然、森保の京都パープルサンガ完全移籍が発表された。長年、広島を支えてきた彼の移籍は、当時衝撃的なニュースであった。私はニュース番組の中で、彼の実績を紹介するとともに、放出せざるを得なくなったチームの経済状況などを伝えた。事実を伝えることが我々の使命であったのだが、私自身悔《くや》しさと憤《いきどお》りを感じながら報道したことを覚えている。しかし、その事実が意外な形で覆ることになった。

サポーターたちが移籍反対の署名活動を行い、「経済状況の改善を森保放出で補《おぎな》おうとしている」とクラブを批判した。これに慌てたフロントは、急きょ京都にレンタル移籍への契約内容変更を申し入れて、了承を得たのだ。練習場や試合会場でファンから求められたサインには必ずと言っていいほど、すべてに応えていた森保。彼がいかにサポーターに愛された選手だったか、ご理解いただけるであろう。

そしてもう一つ。プロサッカー選手として避けて通れないのがチームとの契約である。毎年、シーズンが終了した年末には、クラブから解雇された者、新たに移籍先を見つけた者を含めて、そのシーズンをともに戦った大半のチームメートが一堂に会して、忘年会を兼ねた彼らの送別会が広島時代には開かれていた。アットホームな雰囲気だった広島を去っていくことは、選手たちにとっては辛《つら》い決断だったであろう。さまざまな思いから挨拶の際に胸をつまらせる選手がいる中で、真っ先に涙腺《るいせん》が緩《ゆる》み、まぶたから落ちる涙を拭《ぬぐ》おうともせず、目を腫《は》らせていたのが森保であった。

チームメートはライバルであると同時に、ともに勝利を目指して戦う仲間でもある。森保は試合中だけでなく、ピッチを離れても、仲間のことを自分以上に考えられる性格の持ち主なのだ。もちろんこれは彼自身がキャプテンを務め、チームメートを引っ張っていく立場だったことも影響しているのかもしれない。広島、京都、そしてベガルタ仙台と、すべてのチームでキャプテンマークを巻いてきた事実は、彼のチームメートに与える影響力をそれぞれの指導者が見抜いていたからであろう。

この本の制作にあたり、オフト氏、今西和男氏、清水秀彦氏をはじめ彼を指導してくださった指導者の方々、また、ともに戦ったチームメート、日本代表時代の戦友などたくさんの方々から、貴重なお話をうかがうことができた。誰もが「ポイチのためなら」と取材を快諾《かいだく》していただき、私自身、彼の人間性や人柄を再認識することができた。人に愛され、可愛がられたからこそ彼は、17年という長いサッカー人生を過ごすことができたに違いない。それがポイチなのだ。

広島で出会ってから12年。私自身、森保のプレーを通じてサッカーの本質を学び、日本サッカーの成長期、激動期を間近に感じることができた。

オフト監督の申し子と言われた森保の存在によって、日本のサッカーファンは守備的MFの価値や意義などを知ることになったとも思う。また、本人が常に語るように決して技術や身体能力の高くない選手でも、努力と知性を持ってすれば、最高レベルの舞台で戦うことが不可能ではないということを証明してくれた。

将来、彼は指導者としてピッチに戻ってくるだろう。選手として経験したことを大きな財産とし、トップレベルの指導者を目指す彼の新たな挑戦は、これまで以上に厳しい戦いになるかもしれない。ぜひ、森保らしく、明るく精一杯のチャレンジをしてもらいたい。

この本は、森保の現役引退に際し、彼の17年に渡るサッカー人生を本人が振り返ると同時に、日本サッカーの激動期を過ごした一人のJリーガーを紹介するものである。


私にサッカーの素晴らしさを教えてくれた彼への感謝の気持ちを込めて、

ポイチありがとう。

2004年2月

西岡明彦

ぽいち　森保一自伝――雑草魂を胸に――　目次

第八章　運命——ベガルタ仙台

[森保一を語る]

装丁・本文デザイン　加藤茂樹

第一章　決意——ベガルタ仙台

ポイチと呼ばれるようになったわけ

「ポイチ」

みんな僕のことをこう呼んでくれる。

森保一（モリヤス・ハジメ）なのに、なぜポイチなのか。

話は今から17年前にさかのぼる。長崎日本大学学園高校を卒業した僕は、当時、日本リーグ1部に所属していたマツダサッカー部に入部した。まだ18歳。58キロしかないやせっぽちだった。

このサッカー部の同期生が僕をポイチと呼び始めた。というのも、試合会場の電光掲示板には「森　保一」と表示されたり、ゴールを決めても、「ただいまの得点は森（モリ）―とアナウンスされたり、とにかく、当時の僕は、「森保　一」ではなく、「森　保一」と呼ばれることが多かったのだ。試合後、その同期生に「またお前、森って呼ばれとったのー」、「森保　一（モリヤス・ハジメ）じゃなくて、森　保一（モリ・ポイチ）やね」とよく冷やかされていたのである。彼が呼び始めたこのポイチという呼び名が、次第にマツダサッカー部全体に広まり、いつの間にか、みんなに定着してしまったのである。Jリーグが始まる頃にはチームメートの誰もが、僕をポイチという愛称で呼ぶようになっていた。

広島限定だったはずのポイチという呼び名は、思わぬ広がりを見せ始める。

1992年、僕は突然、日本代表に招集された。僕自身も驚いたが、周囲はもっと驚いたはずだ。全く無名の選手が招集されたわけだから……。

オフト・ジャパンの初めての合宿には、サンフレッチェ広島のチームメートである高木琢也《たくや》さんと前川和也さんとともに参加した。予想はしていたが、ほとんどの選手が僕のことを知らなかった。ある代表選手からは、「名前、なんて読むの？」と聞かれたりもした。

無理もない。場内アナウンスでさえ間違えられるような選手を、第一線で活躍している代表選手たちが知っているはずがない。しかし、この代表合宿の最中、知らないうちに自然とポイチと呼ばれるようになっていった。おそらく、高木さんや前川さんがそう呼んでいたからだろう。

あのラモスさん（ラモス瑠偉《るい》）から、「ポイチ〜！」と呼ばれ、パスを要求された時はうれしかった。哲さん（柱谷哲二《はしらたにてつじ》）に後ろから「ポイチ〜！」と怒鳴られると気合いが入った。

広島限定だった「ポイチ」の愛称が、オフト・ジャパンに選ばれてから全国区に。広島、京都、仙台、どこへ行っても「ポイチ」で愛された。

不思議なものである。僕はこのポイチという呼び名にどんどん愛着を持つようになっていった。そして、より多くの人にポイチと呼んでほしくなっていった。

こうして僕は、広島ではもちろんのこと、移籍した京都パープルサンガでも、ベガルタ仙台でもポイチとなった。

自分で設定した引退のタイムリミット

「ポイチー、辞《や》めるなよー」、「ポイチー、残ってくれよー」、「ポイチー」。

スタンドのあちこちから、僕の名を呼んでくれる人たちがいた。年輩の方々から、小さな子どもたちまで、さまざまな人たちが、僕の名を必死に呼んでくれている。知らず知らずのうちに胸が熱くなった。

2003年12月14日、天皇杯3回戦。仙台の対戦相手は新シーズンよりJリーグに昇格するアルビレックス新潟だった。勢《いきお》いとは不思議なものだ。僕たちは先制しながらも、後半43分に追いつかれてしまう。そして、延長後半1分に決勝点を奪われて、あっさりと敗れ去ってしまった。

出場のチャンスをうかがっていた僕がピッチに足を踏み入れたのは、延長後半からだった。財前宣之《ざいぜんのぶゆき》に代わっての出場だった。流れを変えようと試みたが、残念ながらチームを劇的に変えることはできず、すぐに相手にゴールを許してしまった。僕がこの試合でボールに触れることは一度もなかった。

結局、この試合が長い17年間の選手生活のラストゲームとなった。わずか1分間だけの出場。もちろん僕は、まだ余力を感じていた。

試合終了後、スタジアムを回ると幾《いく》つもの花束が投げ込まれた。それを幾つも拾い上げた。サポーターの心遣《こころづか》いがうれしかった。

「ポイチー、戻ってこいよー」、「ポイチー、頑張れよー」、「ポイチー」。

すでに11月30日に、チームからは戦力外通告を受けていた。だからこそ、仙台のサポーターの声が心強かった。

3週間だけ、待とう――自分なりに期日を設定し、他のクラブからオファーが来るのを待った。待っているだけじゃラチがあかないと思い、自分を必要としているクラブはないか、自《みずか》ら動いたりもした。とにかく、最後までポジティブにいこうと考えた。

天皇杯に敗れたことで、仙台の２００３年シーズンは終わった。しかし、チームの全体練習は12月19日まで行われた。僕は何があっても対応できるようにと、一人でトレーニングに励《はげ》んだ。19日はみんなと練習するためにグラウンドに足を運んだ。

シーズン最後の練習日のグラウンドはいつもと変わらなかったが、もちろん全員揃うこともない。それぞれの選手にそれぞれの事情がある。すでに仙台を離れている選手もいれば、オフを利用して治療、休養に専念している選手もいる。また、僕と同じようにトレーニングをしながら移籍先を探している選手もいただろう。

僕自身、さまざまなことを思い浮かべながら、ゆっくりとゆっくりと走った。うっすらと額《ひたい》に汗がにじんだ。

本当に走り続けてきたサッカー人生だった。来る日も来る日も走っていたように思う。マツダに入ったものの、練習についていけず、悔しくて悔しくて、まだみんなが寝静まっている早朝、非常階段をわけもわからず何度も駆《か》け上っていた。汗びっしょりだった。高校を出たての18歳の頃である。自分が今後どうなってしまうのか、何者なのかもわからず、不安で不安で、そんな不安を打ち消すかのように、がむしゃらに非常階段を駆け上っていた。今、思い起こすと単なる笑い話にすぎないかもしれないが、あの頃の僕は思い詰《つ》めていた。

来る日も来る日もトレーニングの日々だった。ひたすら汗を流した。自分がうまい選手などと思ったことはなかった。そしてベガルタ仙台で現役生活を終えた（後列右が森保）。

あれから17年間、僕はひたすら汗を流してきた。汗かき役と言われた。

ボールを扱《あつか》うテクニックだけなら、僕よりうまい選手はごまんといたはずである。僕自身、自分がうまい選手などと思ったことは一度もない。

小学生の頃から、僕より上手な選手はたくさんいた。もちろん、彼らよりもうまくなりたいと一生懸命練習してきた。それでも、必ずもっと上をいくうまい選手がいた。そんなうまい選手に負けないよう、一生懸命走った。走るのを止めたら自分じゃなくなる。だから、懸命に走った。人よりも多く汗を流してきた。それが自分なんだといつしか思うようになった。

そして、気がついたら中盤の底で動き回る汗かき役になっていた。その場所で、日本代表としてプレーできる栄誉にも浴した。

引退の記者会見で僕が話したこと

結局、自分が設定した3週間を過ぎても声はかからなかった。

35歳を越えた選手を獲《と》ろうとするクラブは、そう簡単には現れないだろう。自分でもそれなりに覚悟はしていた。かつてのように移籍問題であれこれ悩んだりはしなかった。自分なりにこの結果に納得し、しっかりと現状を受け止めた。やっと踏ん切りがついたような、むしろ晴れ晴れとした気持ちになった。

仙台に来た時から、自分の体が持ちこたえられる限り、気持ちが続く限り、ボロボロになるまで、サッカー選手として、自分の役割を全《まっと》うしようと考えていた。気持ちが切れることはなかったが、やはり冷静に自分の体と向き合うと、かなりガタが来ていたのは事実である。永遠に現役選手でいられるわけではない。その時が来たのだと自分なりに解釈《かいしゃく》した。

真っ先に妻に引退することを告《つ》げた。妻は何となくわかっていたようだった。引退する旨《むね》を伝えると、少しかしこまって、「現役生活お疲れさまでした。今後もよろしくお願いします」と声をかけてくれた。僕にはそれで十分だった。

子どもたちも心配してくれていたが、引退を報告すると、「じゃあ、次はコーチ？」と屈託《くったく》なく質問してきた。なんだかとても救われた気持ちになった。

年末年始には僕の私設応援団の方々から慰労《いろう》会を開催していただき、みんなに温かい声をかけていただいた。

年が明けた2004年1月5日、クラブから正式に現役引退が発表された。

そして、翌6日、僕は引退の記者会見に臨《のぞ》んだ。

思いがけず多くの報道陣が駆けつけてくれた。僕自身、あまりかしこまった席は緊張するので遠慮したかったのだが、これまで応援していただいたサポーターの皆さんに対して、できる限り、自分の言葉で挨拶したかった。

「皆さん、こんにちは。お忙しい中、僕のためにお集まりいただきまして本当にありがとうございました。私、森保一は昨シーズンをもちまして現役を引退する決意をしたことを正式に表明したいと思います。17年間の選手生活、アマチュア時代のマツダから始まり、サンフレッチェ広島、京都パープルサンガ、ベガルタ仙台と3つのクラブで幸せな選手生活を送ることができました。そこでよき仲間と出会い、ともに戦い、監督をはじめコーチングスタッフ、各クラブの関係者、そして、サポーター、本当にいろいろな方に応援を受け、幸せなサッカー人生を送ることができました。本当に、今までお世話になったすべての方々に、ここで、感謝の気持ちを表したいと思います。本当にありがとうございました」

努《つと》めて冷静に冷静に話そうと思っていたが、何度も何度も泣きそうになった。ちょっと背中を押されれば、その場で顔をくしゃくしゃにしながら大泣きしそうだった。が、やっとの思いで涙をこらえた。

記者会見が終わり、外に出ると多くのサポーターが待っていてくれた。

【井原正巳《まさみ》　森保一を語る】
「オフト・ジャパンの最大の理解者であり、体現者《たいげん》でした」

日本代表で一緒にプレーするまで、僕はポイチのことを全くといっていいほど、知らなかったんです。代表チームでもみんなから「ポイチ、ポイチ」って呼ばれて可愛がられていました。彼のキャラクターのせいでもあるんでしょうが、みんな彼とは話しやすかったんだと思います。代表に招集されて、いきなり先発でしたから、中盤のラモスさんや、後ろの哲さんから、かなり多くのことを要求されていましたが、言われたことをきちんとこなしていました。あまり目立たないかもしれませんが、献身的に働くし、まさしく攻守のつなぎ役でした。まさにオフト・ジャパンの汗かき役でしたね。あの細い身体で、あれだけの働きをしていたのは、とにかくすごいことだと思います。

確かオランダ遠征の時だったと思いますが、自分よりも大きい相手にひるまずにタックルにいき、逆にケガをしたこともありました。でも、あのスピリットは強烈に印象に残っています。オフト・ジャパンの最大の理解者であり、体現者でしたね。

【三浦知良《かずよし》　森保一を語る】
「自分のやれることを極めた選手じゃないかなと思います」

オフト・ジャパンの最初の合宿の時が彼とは初対面だったと思います。正直なところ、僕はあまり彼のことを知らなかった。それなのに、いきなりアルゼンチン戦で先発で使われた。試合は0―1で敗れはしたものの、それなりに僕らはいい試合をしたんです。森保もきっと緊張していたと思いますが、代表に呼ばれるだけの、いいパフォーマンスをしていたんじゃないかと思います。

日本代表に入るような選手ですから、もちろん技術だとか、人間的な部分は素晴らしいものを持っていました。その中でもチームのために自分を犠牲《ぎせい》にできるところが、一番彼の優《すぐ》れていた部分なのではないかなと思います。それでいて、なおかつ自分のやれることを極《きわ》めた選手じゃないかなと思います。確実性を持ち、調子の浮き沈みがなく、とても安定感のある選手でした。

森保は、自分を前面に押し出してくるような我《が》の強いタイプの選手ではなかったけれど、ポジション的に哲さんと絡《から》みが多かったせいか、グラウンド内外問わず、いつもサッカーについて考えて、取り組んでいたような気がします。尊敬できる選手です。今年彼が辞めると聞いた時は、時代が流れているなって感じました。続けられるものならば、もっと続けてほしいというのが、一緒に戦ってきた仲間としての気持ちです。また一人、仲間が辞めていくというのはとても残念です。お互いに一つの時代を戦った同志という気持ちは今でもありますから。彼にしかわからない、喜びも悲しみも苦しみもあったと思うけれど、それを次の世代の人たちに伝えていってもらえたらと思うと同時に、これからは現場で、バリバリのサッカー人として働いていってもらいたい。

第二章　出会い
――誕生から高校

ＧＫとして全国大会に出場した小学生時代

Ｊリーグが誕生して日本のサッカーは大きく変わった。サッカー専用の立派なスタジアムが全国各地にでき、芝生のグラウンドも多くなった。２００２年にはワールドカップが日本でも開催され、サッカーに対する注目度は以前とは比べものにならないほど高くなった。

そういったさまざまな影響もあって、少年サッカーは以前にも増して盛《さか》んになっているように思える。

僕には３人の息子がいる。幼い頃からサッカーをやっていて、そのため、時々試合観戦に出かけたりするのだが、我々の少年時代と比べるとサッカーを取り巻く環境はもちろんのこと、子どもたちのボールを扱うテクニックなど、あらゆる面で格段に進歩が見られる。熱心な父兄も増えた。そのせいか、小学校に上がる前からサッカーボールに親《した》しんでいる子どもたちが大勢いる。日本サッカーの将来を思えば、この状況は頼もしい限りだ。

さて、僕の子供の頃の話を始めよう。

小学生の頃、GKをやっていたことがある、などとここで告白しても、さほど驚かれないかもしれないが、「全国大会にGKとして出場した」なんて言うと少しは興味をひいてもらえるかもしれない。

そうなのだ。僕はかつて背番号1をつけて全日本少年サッカー大会に出場した経験がある。数あるJリーグのフィールドプレーヤーの中でも、僕のような経験を持った選手はそう多くはないのではないだろうか。

僕がサッカーをやり始めたのは小学校4年生の頃からだ。

といってもサッカー部に入ったわけではなく、毎日練習に明け暮れていたわけでもない。学校が始まる1時間ぐらい前に登校して、友だちと校庭でボールを蹴《け》って遊ぶ、まさにそんな感じのサッカーだった。正確に言えば、あれはサッカーではなく、球蹴りだったように思う。サッカーはスポーツというより、僕の中ではまだまだ楽しい遊びの一つにすぎなかった。それだけに夢中でボールを追いかけて、校庭を走り回った。

僕は1968年8月23日、父洋記《ひろき》、母万知子《まちこ》の間に長男として生まれている。生まれは母の実家である静岡県掛川市《かけがわ》。仮にそのままサッカーの盛んな静岡で子ども時代を過ごしていたら、いったい僕はどうなっていただろう。やっぱりサッカー一筋《ひとすじ》の少年になっていただろうか。それとも周囲に上手な子どもが多すぎて、早々と諦《あきら》めていたかもしれない。ちなみに僕には弟妹がいるが、弟も僕と同じようにサッカーの道に進み、ＪＦＬやＪ２リーグなどのチームでプレーしたし、妹はバスケットボールの虜《とりこ》になって、高校時代はインターハイなど全国大会にも出場している。思えば、スポーツ一家だったわけである。

子どもの頃は、造船業に就《つ》いていた父の仕事のため、名古屋、横須賀、佐賀と移り住んだ。そんな父は大の長嶋茂雄《ながしましげお》ファンだった。未《いま》だに長嶋の引退試合に行けなかったことを悔《く》やんでいるくらいだ。そんな父の影響もあったのだろう。小さな頃の僕はどちらかといえばサッカーより野球少年だった。すばしっこいタイプだったのでショートを守り、打順は３番か４番を打ったりしていた。チームの中心として野球大会でそこそこ活躍もしていた。今のようにテレビゲームがなかった時代である。室内でじっとしているよりも、とにかく外で遊びまわるのが大好きな少年だった。

小学校は佐賀県唐津《からつ》市立鏡山《かがみやま》小学校に入学したが、やはり父の仕事のため、小学校１年生の３学期には長崎県長崎市立深堀小学校に転校した。それ以来、高校卒業まではずっと長崎で過ごした。

本格的にサッカーに取り組み始めたきっかけは小学校５年生の時、一人の先生と出会ったことに始まる。隣町でサッカースポーツ少年団を熱心に指導していた伊藤洸之助先生が、我が深堀小に赴任《ふにん》してきたのである。また、そのサッカー少年団で本格的にサッカーに取り組んでいた同級生が転校してきたことも刺激になった。僕よりも誰よりもはるかに上手だった彼のプレーを間近《まぢか》で見て、それまで遊びの一つとしてしか見ていなかったサッカーを、初めてスポーツとして意識するようになったのである。

小学校6年生になった僕は、どうしてもその少年団でサッカーがやりたくてしょうがなかった。実は小学校5年生の時、一度、入団しようとしたのだが、町内のソフトボールチームに所属していたため、父に「いろいろやるんじゃない！」と叱《しか》られたことがあった。だが、諦めきれなかった僕は、小学校6年生になった4月に、もう一度、サッカーがやりたいと父に直訴《じきそ》した。その時は、父も僕の熱意を受け入れてくれて、晴れて土井首《どいのくび》サッカースポーツ少年団に入団したのである。

その少年団は、県下でも強豪チームの一つだった。前年は県大会で準優勝していたし、その前の年は優勝して全国大会に出場していたほどだった。

それだけにレベルも高かった。

入団したものの遊びのサッカーぐらいしか経験したことがなかった僕は、フィールドプ

左、森保一と中央、弟はサッカー。妹はバスケットボールとスポーツ大好き３兄弟だった。

地元長崎の少年サッカーチームに入団。全国大会にも出場した。右から３人目が森保。

レーヤーとしては技術的に全く未熟で、レギュラーどころか、補欠さえも危《あや》ういほどだった。ボールリフティングさえ、満足にできなかった。

そんな僕にひょんなことからチャンスが巡《めぐ》ってくる。

県大会の予選で正GKが骨折してしまったのである。そのため、練習するにもGKの数《かず》が足りなくなってしまった。ある日、冗談のつもりでGKをやっていたら、そのプレーを見ていた伊藤先生から、「森保、やってみろ」と指名されてしまった。

こうして僕は正GKとして、残りの県大会予選の全試合に出場することになった。即席GKとはいえ、野球の守備で培《つちか》ったフィールディングが役に立った。とはいえ素人《しろうと》同然のため、ゴールキックは得意ではなく、素早いスローイングで補ったりしていた。

そんな技術しか持ち合わせていなかったが、なんと県大会で優勝。1980年7月末から8月にかけて、よみうりランドで行われた第4回全日本少年サッカー大会に長崎県代表として出場したのである。

全日本少年サッカー大会は1勝4敗の成績だった。

僕個人の出来としては相手チームの簡単なシュートをつかみそこなってゴールを許してしまったり、にわかGKだったということを考慮しても、お世辞《せじ》にも活躍できたとは言えなかった。しかし、初めて全国大会を経験して、とても興奮したことを覚えている。全国にはもっとうまい小学生が大勢いるのだな、と実感し、もっと上手になりたい、もっと大きな舞台で戦ってみたいと、子ども心にも素直にそう思ったものだ。

余談になるが、この大会では京都府代表の紫光《しこう》クラブと対戦しているが、その中には後に鹿島アントラーズでプレーすることになる奥野僚右《りょうすけ》がいたそうだ。もちろん、そのことはずいぶん後になってから知ることになるのだが……。

全日本少年サッカー大会が終わると僕は本来のポジションであるＦＷに戻った。技術的にまだまだ未熟だったが、周《まわ》りがうまかったおかげで、スピードを活《い》かしてゴール前に飛び込んでいけば、割と点が取れた。その頃の僕は駆けっこが得意だったし、取り柄《え》といえば、走ることだった。短距離もマラソンも、学年でトップになったこともあった。しかし、まだまだ僕のサッカーはとても未熟なものだった。

中学校ではサッカー部を創設、初代キャプテンに就任

今思えば、僕の人生を左右しかねないことだったかもしれないが、幸か不幸か、進学し

た長崎県長崎市立深堀中学校にはサッカー部がなかった。

そこで僕はどうしたかというと、なんとハンドボール部に入部したのである。当時の深堀中ハンドボール部は全国大会に出場するほど強かった。全日本少年サッカー大会で味をしめた僕には全国大会という響《ひび》きは魅力的だった。

ところが、父親に「お前、もうサッカーやらなくてもいいのか?」と問いただされたのである。「いや、うちの中学校にはサッカー部がなくて、やりたくてもできない」と答えると、「だったら、隣町の中学校のサッカー部の監督や父兄を知っているから、練習だけでもいいから参加してみろ」と言われたのである。今考えても大胆な発想だ。隣町の中学校のサッカー部に入部して練習するなんて……。

しかし、そんな父の助言《じょげん》を素直に受け入れて、中学校1年生の僕は深堀中で授業を受け、学校が終わると放課後、自転車に乗って10分ほどのところにある隣町の長崎県長崎市立土井首《どいのくび》中学校のサッカー部の練習に毎日、通い始めるようになったのである。

こうして本格的に練習するようになったせいか、あの頃は自分でもわかるくらい、どんどん技術が上達していった。サッカーが楽しくて楽しくてしょうがない時期だった。放課後が待ち遠しくてたまらなかった。

土井首中サッカー部では、残念ながら登録上の問題で公式戦に出場することはできなかったけれど、練習試合にはたびたび出場させてもらったりしていた。他の中学校の生徒を起用してくれたわけだから、今思えば、その時の指導者の方には感謝しなければならない。監督も先輩も本当によくしてくれた。

ただし、土井首中の同級生の中にはそんな僕を快《こころよ》く思っていなかった人もいたようで、ある日、練習グラウンドに行ったら、僕のスパイクが外に放り投げられていたことがあった。それも一度や二度ではなかった。他校から来て1年生ながら、練習試合などにも出場していた僕を、面白く思っていない連中もいたのだろう。でも、僕は負けじと一生懸命サッカーに取り組んだ。すると、そういったイタズラも、やがてなくなるようになった。

僕がそうやって土井首中サッカー部で練習している頃、土井首サッカー少年団からサッカー部のない深堀中に進学していた3人の親、つまり僕の父親たちが、深堀中にサッカー部の創設を働きかけてくれていた。

そういった父親たちの熱心な働きかけが実《み》を結んで、晴れて、中学校2年生の春、深堀中にサッカー部が誕生したのである。

最初の部員は土井首サッカー少年団出身の3人だった。しかし、陸上部の選手や、サッカーをやりたがっていた友だち、小学校の時に一緒に校庭で遊びながらサッカーをやっていた連中が徐々《じょじょ》に集まり始め、最終的には12人になったのである。これでメンバーは揃った。

しかし、問題は他にもあった。練習グラウンドである。学校のグラウンドは野球部や、陸上部、ソフトボール部、ハンドボール部が使用していたため、すでにいっぱいいっぱい。僕たちサッカー部に練習場所はなかった。そこでもうちの父親たちが中心となり、近隣の練習グラウンドを探し回ってくれたのである。結局、学校から歩いて20分ぐらいのところにあった三菱重工のグラウンド兼駐車場用の空《あ》き地を、「駐車場として使っていない時ならOK」という条件で借りることができるようになった。

グラウンドといっても、ハンドボールのコートぐらいの大きさしかなかった。しかも砂利《じゃり》がごろごろ転がっていて、頻繁《ひんぱん》にイレギュラーバウンドするデコボコのグラウンドだった。それでも、ようやく自分たちの仲間と自分たちのチームでサッカーができる喜びでいっぱいだった。ユニフォームを作ったり、背番号を決めたり、みんなでわいわい言いながら、こうして我らが深堀中サッカー部はスタートしたのである。記念すべき初代キャプテンを務めたのは僕だ。

顧問には英語の先生がなってくれたものの、実際の指導は三菱重工サッカー部の方が教えに来てくれた。寄せ集めの即席チームながら、中体連の市大会の初戦では1—0の勝利。予想外の白星に浮かれていたら2回戦ではなんと10点差をつけられるほどの大敗を喫してしまった。

しかし、この大敗のおかげで僕たちはより一層、練習に打ち込んだ。

普段の練習も自分たちでメニューを考えた。ちゃんとしたゴールがなかったので、コンクリートの壁の前にコーンを立て、それをゴールに見立ててシュート練習を行ったりした。2人で向き合い、パスの練習をしたり、1人がボールを投げてヘディングをしたり、ボレーシュートをしたり、基礎的な練習ばかりをくり返した。狭い空き地での練習だっただけに、自然とミニゲームばかりになってしまったが、逆にパスやドリブルを含め、個人技が上達する効果もあった。

それでも三菱重工サッカー部の方がコーチをしてくれた甲斐《かい》もあって、徐々にチームとしての形ができるようになっていった。中学校2年生の終わりの頃には、市大会を勝ち抜いて、県大会にも出場できるほどにレベルアップしていった。僕は主にFWか、中盤のポジションを担当した。足の速さと持久力《じきゅうりょく》を活かして走り回るのが当時の僕のプレースタイルだった。とにかく、どんどんサッカーの虜になっていった時期だった。

いろいろな人に協力してもらった。バスの運転手をしている父兄が、自ら運転役を買ってでて、遠征先まで僕らをマイクロバスで連れて行ってくれた。練習試合では素人同然ながら見よう見まねで主審やラインズマンをやってくれた父兄もいた。みんなのチームだった。徐々に強くなり始めた。中学校3年生になった頃には市大会では、まず負けないようなチームに成長していたが、それでも県大会の壁は厚く、1回戦止まりだった。

小学校の仲間3人でスタートした深堀中サッカー部。「サッカー、やろうよ」のかけ声に一人二人と集まりだして、徐々に部員も増えていった。熱心な父兄や学校関係者の理解があって、まさに手作りのチームが誕生したのである。僕自身も深堀中サッカー部の歩み同様、プレーヤーとして少しずつ成長していった時期だった。

全国大会出場の夢をはばまれた国見高校と島原商業高の厚い壁

中学校3年生になり、進路を決めなければならない時期に差しかかっていた。

当時、長崎県では一番強かったのは長崎県立島原《しまばら》商業高校。冬の高校選手権でも優勝したことがあり、全国でも名の知れた強豪高校だった。元長崎県立国見《くにみ》高校の小嶺忠敏《こみねただとし》総監督が、その当時は監督を務めていた。しかし、ちょうど僕が高校に進学するその年から、小嶺監督は国見高に転任されることが決まっていた。そのため、県内の多くの有望な中学生たちが国見高への進学を希望していた。

僕の場合、中学校のコーチに来てくれていた三菱重工サッカー部の方が長崎日本大学学園高校の出身だったこともあり、長崎日大高の下田規貴《きよし》監督に僕を推薦《すいせん》してくれていた。

正直、進路についてはかなり迷った。一緒に国見高に行こうと誘ってくれた仲間もいた。受験票までもらっていた。しかし、真面目《まじめ》に受験勉強していなかったため、父親が怒って国見高を受験させてくれなかったのだ。そのため、僕は長崎日大高へ特待生として進学することとなった。

深堀中サッカー部の初期メンバー3人のうち、小平博紀君も一緒だった。ちなみにもう一人の清水利治君は、島原商業高に進学。高校1年生からレギュラーとして試合に出場し、冬の高校選手権では全国制覇を成し遂げている。彼の活躍が刺激になったのは言うまでもない。

高校では1年生の頃から試合に出場した。3年生にいい選手が多く、県内でもそこそこ強かったのだが、島原商業高と国見高の壁は厚く、いつも準決勝止まりだった。

　練習は辛かった。よく走らされた。苦しくてもなんとか頑張っていた。

　しかし、高校2年生の時、一度、挫折《ざせつ》しかけたことがある。3年生が抜けて、チームが弱くなってしまったせいもあり、試合に出ても負けてばかり。次第《しだい》にサッカーが面白くなってしまい、挙《あ》げ句の果《は》てにサッカー部さえもやめてしまったのである。ちょうど夏の頃だった。帰宅部の連中が楽しそうに遊んでいるのを見て、正直羨《うらや》ましかったのだ。

　しかし、やめた途端《とたん》、急に心細くなってしまった。同時に自分は何をやりたいんだろう、とひたすら考えた。自分の将来が全く見えなかった。これから何をやろうか、と考えてもサッカーのことしか頭に浮かばない。今の自分にはやはりサッカーしかない。サッカーから距離を置いて初めてそのことに気がついた。やめて、それがはっきりと自分でもわかったのだ。

　心配した下田先生が学校のある諫早《いさはや》市から長崎市内にある僕の実家まで片道2時間をかけて毎日のように通ってきてくれていた。

　僕は先生に会うこともなく逃げ回っていたのだが、内心、やはり申し訳なく思っていた。

もし、先生にソッポを向かれていたら、サッカー部どころか、学校も辞めていたかもしれ

長崎市深堀中学サッカー部ではキャプテンを務めた。左上が森保。

ない。

結局、2週間経《た》って、もう一度、下田先生のところに行き、頭を下げ、再びサッカー部に戻った。それからは弱音《よわね》を吐《は》かず懸命に練習に取り組んだ。

高校時代の最大の目標は打倒《だとう》国見高だった。何度、挑《いど》んでもはね返される分厚《ぶあつ》い壁だった。力の差が大きく、接戦に持ち込むことすら難しかったが、3年生の高校総体長崎県予選準決勝で最大のチャンスが訪れた。当時の国見高には其田秀太《そのだしゅうた》、小島光顕《こじまみつあき》ら全国レベルの選手が揃っていた。試合は圧倒的に押されながらもウチがしぶとく守って得点を許さず、0—0のまま延長戦にもつれ込んだ。しかし、実力差はいかんともしがたく、延長戦で1点を奪われ、敗れた。結局、国見高には3年間で一度も勝つことができなかった。

高校時代のポジションは攻撃的MF。いわゆるゲームメイカーとして中盤の前よりでプレーすることが多かった。

一度も優勝することがなかったので、うれしい思い出はあまりないが、自分のプレーが評価されて、高校3年生の秋、山梨国体に臨む長崎県選抜チームに選ばれた。チームのほとんどは国見高の選手で、他校の選手は長崎県立島原高校の選手と、自分だけだった。しかし、試合に出場する機会は全く得られず、チームも山口県選抜チームに1回戦で敗れてしまった。

結局、高校時代、僕は一度も全国レベルの試合を経験することなく終わってしまった。残念だったが、それほどまでに国見高や、島原商業高の壁は厚かった。

高校時代といえば、今の自分を語る上でも避《さ》けて通れない人が一人いる。

これは極めて個人的な話なのだが、やはり自分のこれまでの人生を振り返った時、絶対に欠かせない存在の人だけに、少しだけ触れさせてもらいたい。その人とは僕の妻のことである。

実は僕と妻は高校時代の同級生なのだ。しかも、名字が同じ森保なのである。

一番最初に出会ったのはまだお互いが中学生の時だった。長崎日大高の特待生試験の時、名字が一緒だったため、印象に残っていた。高校に入学したら偶然、彼女と同じクラスになった。彼女は短距離の選手で、一時期は県の100メートル記録保持者だった。彼女も部活をやっていたため、通学のスクールバスではいつも一緒だった。

きちんと付き合い始めたのは高校2年生の終わり頃から。卒業後は僕がマツダのある広島へ、彼女は大阪に就職して、2年間ほど、遠距離での交際が続いた。そして、その後、彼女のほうが大阪の勤め先を辞め、広島に来て再就職し、1990年に晴れて僕たちは結婚した。

結婚式の披露宴《ひろうえん》のスピーチでは、僕のマツダ入団の力になっていただいた今西和男さん（元サンフレッチェ広島総監督）から「お前はプロとしてやっていきたいと思っているのか！」と大勢の人の前で問いただされて、思わず、「はい！　なりたいです」と宣言《せんげん》したこともあった。そして、結婚後、プロ契約。まだＪリーグが始まる数年前のことだ。彼女は将来への不安を感じていたかもしれないが、そんな素振《そぶ》りも見せず、よく僕についてきてくれたと思う。

プロになってからも迷惑のかけっぱなしだった。長男が生まれた時も、僕はケガのため広島で入院中だったし、次男が生まれた時も、１９９４年アメリカ・ワールドカップ最終予選の直前で、日本代表に選ばれていた僕はスペインで合宿中だった。育児や子育ての時期も、僕は合宿や遠征で長期間、家を空けることが多かった。妻にはさまざまな面でサポートしてもらいとても感謝している。この場を借りて、改めて感謝したい。

それにしても、僕がもし国見高や、他の高校に進学していたら……。ひょっとしたら、彼女と出会うこともなかったかもしれない。そう思うと改めて人と人との出会いの大切さについて考えさせられるのである。

後に妻となる同級生の由美子さんと高校時代の修学旅行での記念すべき一葉。

［下田規貴　森保一を語る］

「もう一度入部させてくださいと頭を下げに来ました」

あれは高校2年生の夏休みの頃だったと思います。突然、森保が練習に出てこなくなってしまったんです。あの頃、チームもあまり勝てない時期でしたし、練習にも嫌気《いやけ》がさしていたんでしょう。

そんな彼に対して、私も厳しく指導に当たっていました。手を上げたことも一度や二度ではききません。練習を休むようになって、心配になった私は、長崎市内にある彼の自宅へ何度も通いました。でも、なかなか捕《つか》まりませんでした。彼もその時は私に会おうとしなかったのです。チームの中心的な選手でしたし、私にとっても大事な選手でしたから、ショックでした。

とにかくその時期は心配で、仕方がありませんでした。それから2週間ほど経ってからのことです。森保はグラウンドに戻ってきて、私やチームメートの前で、もう一度入部させてくださいと頭を下《さ》げに来ました。それからの森保は以前にもまして、真剣に練習に取り組み始めました。

高校時代の森保は、体も細くて、テクニックがあるわけでもなく、特別、足の速い選手ではなかったのですが、うまくなりたい、負けたくないという気持ちは人一倍持っていた選手でした。

試合が終わった後でも、良かった点、悪かった点など、いろんなことを質問しに来るんです。

そんなところが他の選手たちと少し違うところでした。そんな向上心《こうじょうしん》を高校時代から持ち続けていたことが、彼の将来を大きく広げていったのだと思います。

第三章　勇躍——マツダ

新人テストに合格し、勇躍、マツダへ

出会いといえば、僕の人生を大きく変えた人物がいる。

今西和男さんである。

高校3年生の春、見慣れない大人たちが僕たちの練習を見学に来たことがあった。その中にはなんと外国人もいた。最初は下田規貴先生の知人だろうと全く気にかけていなかったのだが、彼らが当時、日本リーグ1部のマツダで監督を務めていた今西和男さんとコーチのハンス・オフトだった。後日、下田先生から彼らが僕をリクルートに来ていることを知らされた。

その後、今西さんより夏休みに新人テストを行うから受けに来るように、という通知が届いた。

いよいよ高校3年生。将来の進路を決めなければならない時期である。その頃の僕は漠然《ばくぜん》と、実業団のようなサッカーが続けられる会社へ就職できればいいな、といった程度の願望しかなかった。それだけに日本リーグのマツダからの誘いは夢のようだったし、正

直言って、とてもうれしかった。

その当時、高校サッカーで活躍した選手の多くは大学へ進学し、それから日本リーグへ進むというのがいわゆる定番のコースだった。

しかし、僕自身は大学へ進むことなど全く頭の中になかった。というよりも、それまで全国大会へ一度も出場したこともない選手を勧誘するような奇特な大学は、どこにもなかったというのが実際のところだ。長崎県立国見高校の選手たちとの間に力の差を感じていた僕は、日本リーグへ入って、彼らが大学を卒業する4年後には選手として上回っていたい、という切実な想いがあった。

当時は、それほどまでに国見高の選手たちをライバルとして意識していた。ほとんどの選手が知り合いだったが、それゆえに絶対に負けたくない、という気持ちもとても強かったように思う。

マツダの新人テストは夏休みに行われた。当時、マツダのトップチームはヨーロッパに遠征しており、サテライトが合宿している愛媛県南宇和《うわ》市まで足を運んだ。その合宿には、すでにマツダへの採用が決まっている他の高校生たちも参加していた。しかし、僕の場合は完全にテストである。

とにかく1週間のテスト期間中、無我夢中で頑張った。社会人チームや愛媛県立南宇和高校との練習試合でも、とにかく懸命にプレーして、アピールした。

そして、テスト最終日、個人面談を経《へ》て、「合格」という言葉をいただいた。

うれしかった。というより内心、ほっとした。と同時にやる気がふつふつと湧《わ》いてきた。

とにかく、高校を卒業したら、日本リーグという全国規模のリーグ戦で思い切りプレーしよう。高校時代、いい成績を残せなかった分、マツダに入って思う存分、暴れまくろう。そう秘かに決意した。

帰りの電車の中、僕の胸の中は希望に満ち溢《あふ》れていた。

ところがその秋、下田先生に職員室に呼ばれた。先生の表情がいつになく厳しい。「森保、マツダの採用枠《わく》は6人だったが、5人になったという通知が来たよ」。下田先生が申し訳なさそうにそう言った。つまり、僕は6番目の採用で枠から外《はず》れているということだったのである。

だが、よく聞けば、マツダ本社への採用こそなくなったが、マツダ運輸（現マロックス株式会社）でならば採用枠があると言う。会社はマツダ運輸の所属になるが、マツダのサッカー部でプレーすることは可能だということらしい。それでもよければ広島へ……という通知内容だった。

当然、僕に迷いはなかった。日本リーグでプレーできるならば、とその条件を了承《りょうしょう》した。多少の紆余曲折《うよきょくせつ》がありながらも、正式にマツダ運輸から内定通知をいただき、１９８７年の春、高校を卒業すると勇躍、広島へと向かったのである。

2年間、トップ出場なし。苦しい下積み時代

社会人1年生。親元を離れて初めての広島での寮生活は不安もあった。が、それ以上に高いレベルでサッカーができる喜びのほうが大きかった。

当時はマツダ大原寮で先輩と２人部屋に住んでいた。

入口の戸を開けると両サイドに2段ベッドがあり、真ん中に6畳ほどの共有スペースがあるだけの殺風景《さっぷうけい》で狭苦《せまくる》しい部屋だった。同室は、マツダではプロ契約第1号となった今川正浩さん（現東海大学サッカー部監督）だった。

お恥ずかしい話だが、入社早々の4月、僕はホームシックになってしまった。

やってやるぞ、と意気込んで、マツダのサッカー部の一員になったのだが、マツダのレ

ベルは思った以上に高く、ショックを受けてしまったのである。この先、果たしてやっていけるのだろうか、と考えると不安で不安で夜も眠れなくなってしまったのだ。そんな時、長崎の駅に見送りに来てくれた友人や知人たちの激励《げきれい》の手紙を読み返しては、ポロポロと涙をこぼしていたのだった。2段ベッドの下で天井《てんじょう》を見上げながら、よく泣いた。高校を卒業したての18歳。今思えば、まだまだ子どもだったのだ。

初任給は12万円ほど。入社1年目の頃は、寮の食費やいろいろな経費を天引きされると手取りが約4万円だったこともある。遊ぶどころではない。とにかくその当時の僕はひたすらサッカーに打ち込むしかなかった。

ちょうど僕が入社した1987年頃は、サッカー部自体がアマチュアからプロへ移行しようとしている時期だった。

そのため、徐々にプロ契約していく選手たちも増えていた。監督もしかり。このシーズン、指揮官は今西さんからオフトに代わった。

新入社員の僕はもちろんアマチュアである。商品を梱包《こんぽう》する部署に配属され、練習がオフである水曜日は出社して、ダンボール詰めをしたり、部品を木枠に積んだりする作業に取り組んだ。

他の日も出社してはいたが、大抵《たいてい》の場合は、午前中のミーティングに出席し終わると、すぐに練習グラウンドへと向かった。

入社当時の僕の体格はかなり華奢《きゃしゃ》で、今より10キロほど体重が軽く、58キロしかなかった。先輩方には「お前は飯《めし》を食うことから始めろ！」とよく言われたものである。スピードもなければ、パワーもない。加えてテクニシャンでもない。最初の頃は、試合どころか、とにかく練習でも先輩たちについていくのがやっとという状態だった。

1年目は現在のJリーグでいうところのサテライトに相当するマツダサッカークラブ東洋というアマチュアクラブに所属し、中国リーグでプレーしていた。当時のマツダのシステムでは、新人はまず東洋でプレーし、ある程度、力を認められると、日本リーグのマツダに選手登録されるというような流れができていた。情けないことに入社したての頃は、東洋で自分だけが試合に出られなかった。

すぐにアゴが上がってしまい、バテてしまっていたのだ。体力のない自分が歯がゆくて仕方がなかった。

そんなある日、ようやく僕にもチャンスが訪れる。中国リーグの広島教員戦で初めて先発を果たしたのである。そして、たまたまその試合を見に来ていたオフト監督が僕のプレーを見て、トップチームに引き上げてくれた。とはいえ、すぐにトップチームに移行できるわけではなく、昼間はトップチームで練習するが、月・水・金曜日の夜は東洋の練習に参加と、練習に明け暮れる毎日が続いていた。

1987―88年シーズン、試合には出場できなかったものの、リーグ戦ではマツダのベンチに座ることも度々《たびたび》あった。さらに夏のヨーロッパ遠征には6人の新人の中で唯一僕だけが参加することもできた。合宿はオランダのナショナルチームの基地としても知られているザイストで行われた。ユトレヒトやVVVなどオランダリーグのチームと練習試合を行うなど、新人の身にとっては貴重な経験を積んだ。なによりもトップチームと常に行動をともにすることによって少しずつプレーの面でも自信が芽生《めば》え始めていた。

ルーキーシーズンは練習試合では起用される機会もあったが、トップチームの公式戦には結局、一度も出場することはなかった。

当時、守備的MFのポジションは織田秀和《おりたひでかず》さんがレギュラーを務めていた。織田さんは、オフト監督が代表クラスの力があると評価していたレベルの高い選手だった。あの頃はこの織田さんが僕の目標だった。

試合給や勝利給などはなかったが、試合手当みたいなものはあった。だが、マツダとマツダ運輸とでは微妙に手当の差があったのだ。同期と出社する際も、入口は同じでもマツダとマツダ運輸とでは職場が左右に分かれて、一人だけ違う道だった。これも、やはり悔しかった。トップチームで頑張れば、マツダ運輸からマツダへ採用を切り替えようと言い、励まし続けてくれていた今西さんの言葉が刺激になり、とにかくハングリーな気持ちでサッカーに取り組んでいた。それらがいい意味でモチベーションになっていた。

満を持《じ》して臨んだ2年目も1年目とほとんど状況は変わらなかった。鳴かず飛ばずの1年だったような気がする。

なかなか先が見えない状況の中で、僕は20歳になっていた。

3年目、勝負の年。ようやく日本リーグ2部でデビューを果たすことができた。

このリーグ戦初出場にはちょっとした裏話がある。当時の監督は、かつてマンチェスター・ユナイテッド（イングランド）の中心選手として活躍した経験もあるビル・フォルケスというイギリス人だった。

後に今西さんから聞いた話によれば、彼はとにかく僕を育て、一人前《いちにんまえ》にしようと注意深くデビュー戦の機会をうかがっていたらしいのだ。フォルケス監督は、デビュー戦で強い相手と対戦して僕が自信を失うよりも、マツダが優位に展開できそうな試合で起用し、自

20歳、ようやく日本リーグ2部でデビューを果たした。MFとして2得点を挙げて最高のスタートを切った。

1990年、高校時代の同級生由美子さんと結婚。公私共に充実した年になった。

信をつけさせようと考えていたらしい。

その日は1989年9月27日、大阪の靭蹴球場《うつぼしゅうきゅう》で行われた日本リーグ2部第9節の大阪ガス戦だった。ちなみにこの日のスタメンは——GK前川和也、DF松田浩《ひろし》、信藤健仁《しんとうかつよし》、山西博文《やまにしひろふみ》、トニー、MF森保一、河村孝《たかし》、織田秀和、風間八宏《かざまやひろ》、FW高橋真一郎、アラン——このデビュー戦でなんと僕は2得点を挙《あ》げたのである。前半43分、ゴール前に出た風間さんからのクロスボールにサイドから長い距離を走ってきた僕が合わせてゴール。2点目はそのわずか1分後。同じようなクロスが、ゴール前に走り込んできた僕の足下《あしもと》に合った。

後半、途中出場の島卓視《しまたくみ》さんが挙げた3点目のゴールにも絡《から》み、デビュー戦で全得点に絡む働きができたのだった。

監督の思慮《しりょ》深い配慮のおかげで、最高のスタートを切ることができた。

「親の心子知らず」とはよく言ったものだ。まるで僕は自分の手柄《てがら》のように、まんまと自信をつけてしまったのである。まさに監督の狙《ねら》いどおりだった。今となってはフォルケス監督に感謝するばかりだ。

これがきっかけとなり、僕はたびたび出場のチャンスをつかむようになる。チームも順

森保一の人生を大きく変えたマツダの今西和男監督。

今西イズムは、Jリーグサンフレッチェ広島で生かされた。

調に勝ち星を重《かさ》ね、三菱重工業、トヨタ自動車と激しい昇格争《しょうかく》いを演じていた。迎えた第29節のトヨタ自動車戦。引き分けでも日本リーグ1部昇格が決まるという状況だったが、僕は全くいいプレーができず、前半だけで替えられてしまう。チームも0—3と完敗。続く最終戦もコスモ石油に引き分けてしまい、結局、最後の最後で昇格を逃してしまったのである。

やっとトップチームで出場を果たすことができた喜びと、昇格を逃した厳しさを両方ともに味わった忘れられないシーズンとなった。

3年目のシーズンは全30節のうち19試合に出場することができた。ちょうどこの年、ブンデスリーガでのプレー経験を終え、風間さんがドイツから帰国してマツダに入団した。レベルの高いプロフェッショナルなプレーを目《ま》の当たりにし、刺激を受けた。

当時、徐々にプロ契約する選手が多くなってきていたが、プロリーグに関する具体的な話はまだなかった。

入社して4年目の春。僕らマツダサッカー部の若手4人はマンチェスター・ユナイテッドに1カ月ほど短期留学をさせてもらった。日本のサテライトに相当するリザーブチームの練習に参加し、プロ選手というものはどんなものかを肌身《はだみ》で感じた1カ月だった。トップチームの練習にも2度ほど参加させてもらったのだが、練習のアップで行うダイレクトなボール回しの際、ボールスピードに全くついていけなくて、ミスを連発。基本技術の差を痛感させられたりもした。とにかく、プロのサッカー選手とはどんなものかを目の当たりにした1カ月だったのである。また、別な意味で刺激になったのは、ユース世代の選手たちであった。彼らのプロになりたいという強い気持ち、ハングリーさには強く心を揺《ゆ》さぶられた。

この4年目のシーズンは、僕にとっては公私《こうし》ともに大きな転機となったシーズンである。まず《公》に関して言えば、晴れてプロ契約を果たした。2年連続日本リーグの2部でプレーしていたが、その年はほとんどの試合に出場し、日立とともに1部への昇格を果たした。《私》のほうで言えば、結婚し、家庭を持った年でもあった。

日本リーグ1部に昇格した1991―92年シーズンは開幕前にケガをしてしまい入院。その影響でリーグ戦の開幕から4試合ほどは出場できなかったが、残りの18試合には全部出場している。

Jリーグに関しては、マツダが参加を見送るというような話もあって、僕自身、プロ契約していたため、「どうなるのか」と不安だったが、最終的にJリーグ参加が決まり、ほっとしたことを覚えている。

高校時代の同級生たちが大学を卒業し、日本リーグで再び対戦するようになったシーズンでもあった。そんな彼らと対等に、いやそれ以上に戦えている実感があった。自分自身の可能性が大きく広がっていくのを感じた時期でもあった。

[今西和男　森保一を語る]
「森保はスポーツ選手としてこれといった特徴がなかった」

森保一との出会いは実は年賀状なんです。

彼が在籍していた長崎日大高の下田先生から、「どうしても見てもらいたい選手がいる」という年賀状が来たのがきっかけでした。下田先生からの依頼もあり、1986年3月に当時、マツダでコーチを務めていたオフトとともに彼の練習を見に行ったのです。でも、オフトの評価はそれほど高くなかった。その年は優秀な選手が多かったというのも影響していたようです。オフトは仕事の関係でその一度だけしか見に行けませんでしたが、僕はその後も4、5回は学校に通いました。

彼に対する僕の第一印象は、ずばりトップレベルの選手と比べると「速くない、うまくない、強くない」。森保はスポーツ選手としてこれといった特徴がなかったのです。ただ一つだけとても印象に残ったのは、「姿勢がよくて視野が広い」ということでした。遠くが見えて、ミドルパスが正確に蹴れる。これだけは非常に印象に残りました。

採用する時に彼と会って話をした時のこともとても印象に残りました。

大抵、5分くらい話すとあの年頃の人は集中力がなくなり、私の目を見なくなるものなのです。ところが彼は食い入るような目で、「どうしても日本リーグでやりたい」と言う。その強い気持ちに動かされて私は会社に掛け合い、結局、マツダグループの関連企業の会社で採用することに落ち着きました。

森保をマンチェスター・ユナイテッドに留学させた時、こんなことがありました。

マツダからは4人派遣《はけん》したのですが、1カ月間の留学を終え、帰ってきた彼らに感想文を書かせ、皆の前で10分間ほどのスピーチをやらせたんです。そうしたら、みんなは10分も話せない。ところが森保だけは20分ほど長々とスピーチを続けたんです。他の連中は、人前で話すことは二度とゴメンだといった感じが漂《ただよ》っていたのですが、彼だけは「僕のスピーチはどうでしたか?」と聞きに来たんです。あの時は、「この子はサッカーだけでなく、すべてに対して全力投球のできる子だな」ということを再認識しました。

私は「君が何を話したかったのかはよくわからなかったが、君が話そうとしていたことはよく伝わってきた。一生懸命、要点をつかんで話をしていたよ」と答えたんです。

彼は「言いたいことが正確に言えなくてダメでした」と不服そうだったので、「何事も努力していくしかない」ということを僕は言いました。その後で彼がどのように努力したかはわかりませんけれども、後々、いろいろと話をする機会があったら、「着実に、相手に伝わるような話ができるようになったな」と思いました。

日本代表に招集され、チームに帰ってきた時も、「お前はミーティングの時のオフト監督の話がわかるのか?」と聞いたら、「しっかり聞いているし、マツダではオフト監督の後もイギリス人の監督を経験しているので何が言いたいかはだいたいわかります」と答えました。

それで「大学を卒業した選手たちは話がわかっているのか？」と聞くと、「理解しているかどうかはわからないけど、どっちかというと通訳の話を一生懸命聞いているみたいです」と答えたんです。「じゃあ、お前は2回聞いているんだな。2回聞いているということは他の人間より理解しているということになるな」と私が言うと、「はい、そうですね」と笑っていました。

これらのエピソードのように、少なくとも彼の何事にも一生懸命な姿勢がトレーニングにおいても100パーセントの力を発揮させているんだと思います。これだなと思いました。彼がオフトの日本代表に選ばれてレギュラーになれたのは、彼がいつのまにか自然と努力して、足《た》りない能力を戦術という部分で補っているんだなと……。

森保の日本代表デビューとなった1992年5月31日のアルゼンチン戦後、アルゼンチン代表の監督と選手が、日本代表の中で良かった選手の名を2人挙げたんです。そのうちの1人が森保でした。

それまで彼のポジションを正しく評価するといった目が、まだまだ当時のサッカー界全体には不足していた。だから、彼が世界でもトップレベルのアルゼンチン代表監督から高い評価を受けたことに、マスコミの連中も慌てたわけです。一気に森保が脚光《きゃっこう》を浴びるとともに、守備的MFのポジションをクローズアップするようになったのです。森保自身、アルゼンチン戦であのポジションを手に入れたとともに、一気にプレーヤーとして成長していきました。

確かにそれまでも森保はいい仕事をしていたし、兆《きざ》しというものはありました。1991年に全日空と山口で試合をしたんです。試合は引き分けだったのですが、その年の全日空には優秀な選手が揃っていて、特に中盤は強かったんです。ところが、逆サイドにボールを展開されたらまずいような場面、縦にパスを通されたらまずいような場面で、彼がすべてそれをディレイさせて遮断《しゃだん》していたのです。だから「負けていたかもしれない試合だったけど、これだけの試合ができたのはお前のお蔭《かげ》だよ」と私は言ったんです。その時に、森保はものすごく成長したなと思いました。あの頃からですね。彼が守備的MFという仕事を感覚的にできるようになったのは。

あの頃から、危機をいち早く察知して、その次に展開されそうなコースを遮断する、という《匂い》を感じることができるようになったんだと思います。

オフトはマツダをいったん去りましたが、代表監督として日本に戻ってきた時、森保を見て、「これだ」と感じたんだと思います。描いていたチーム構成の中には、ラモス瑠偉《るい》のようにパスを供給したり、三浦知良のようにドリブルがうまい選手はいたけれども、相手の攻撃に対して《火消し役》になれるような選手が当時は他にいなかったのでしょう。

柱谷哲二もそういうタイプの選手ではなかった。だからこそ、オフトは森保に守備的ＭＦという役回りを与えたんだと思います。

第四章　実感——日本代表

突然の日本代表初招集

まさに青天の霹靂《へきれき》だった。

「お前、日本代表に選ばれたから、浜松の合宿に参加するように」とコーチの河内勝幸《かわちかつゆき》さんから自宅に電話があった。性格の明るい河内さんが、いつものように冗談を言っているんだと思い、「本当は何の用件なんですか？」と聞き返してしまったほどだった。本当にびっくりした。それが、日本代表に初招集された時の嘘偽《うそいつわ》りのない正直な感想である。

それまで日本代表というものには全く縁《えん》がなかった。

前章で述べたとおり、せいぜい高校3年生の時、長崎県高校選抜チームに選ばれ、国体に出場したくらい。いや、試合には出場していないから正確に言うとあれは参加しただけだった。日本代表は目標ではなく、僕にとってはあくまでテレビなどで《観《み》る》ものだったのだ。それほど遠い存在だった。日本代表入りは、僕にとって本当に予想外の出来事だったのである。

1992年4月1日、ハンス・オフトが日本代表の監督に就任《しゅうにん》した。

オフトは僕がマツダに入団した時の監督である。当時、サテライトに当たるマツダサッカークラブ東洋でプレーしていた僕を見て、トップチームに引き上げてくれた人である。

これにはちょっとした逸話《いつわ》がある。それまで東洋での試合にすら出場できなかった僕が、たまたま出場した試合を、たまたまオフト監督が観に来ていて、評価してくれたのだ。《たまたま》ついでに言えば、ポジションが固定されていなかった僕が、たまたまその試合では守備的MFのポジションで起用《きよう》されていたのだった。

幾つかの《たまたま》が重なり、トップチームへの昇格、そして社会人1年目の夏のヨーロッパ遠征へとつながっていった。あの日、オフト監督が試合を観に来なければ、あの日、僕が守備的MFとして出場していなければ……幾つかの偶然を指折り数《かぞ》えながら、運命的なものに感謝しつつ、何度もそう思ったものだった。

オフト監督には「モリヤス、ダーティワークをしなさい」とよく言われていた。汚《きたな》いプレーをしなさい、という意味ではない。いわゆる汚れ役、掃除役に徹しなさい、という意味である。

そして、《ビハインド・ザ・ボール》という言葉も徹底的にオフト監督から叩き込まれた。

ボールより常に後ろにいること。つまり、中盤から前の選手がボールを保持した時に、自分がその後ろで常に彼らをサポートできる態勢をとっておくことが重要である、という意味だ。味方の選手をサポートすることによって、パスコースを一つ作ってあげられる。それがオフト監督の守備的MFの基本概念であり、彼が僕に対して要求し続けてきたことだった。それはマツダでも代表でも一貫《いっかん》していた。

チーム作りは日本リーグ時代のマツダも、日本代表も同じだった。

マツダ時代もそうだったが、代表でも3つのキーワードを徹底的にチームに植え付けた。目と目で連携を取り合う《アイコンタクト》。攻める時、守る時も常にピッチの上で三角形を作り、サポートの意識を徹底する《トライアングル》。そして、《スモールフィールド》。これは常に互いの関係を近い距離に保つことで、バランスを崩《くず》さないようにする。ロングフィールドになると相手に攻撃のスペースを与えてしまい、互いのサポートが難しくなってしまう。代表レベルの選手にとって、それは基本中の基本だったが、それでもオフト監督は粘り強く、常にこのキーワードを口に出し、選手たちに徹底させていった。頭では理解していても、実戦の中でそれを行うのはとても難しいことだった。

オフト監督の練習は厳しかったが、練習前には選手と一緒にボール回しに参加し、相手の股下《またした》を狙ったパスを通して喜んだりする茶目っ気《ちゃめけ》のある監督だった。練習の雰囲気、試合に臨むまでのムードに、とても気を配《くば》る指揮官だった。

浜松で行われた初めての代表合宿は、すべてが初めてのことばかりで、僕にとっては緊張の連続だった。もちろん、ほとんどの選手が初対面。井原正巳さんには、「どこのポジションをやっているの？」と真顔《まがお》で聞かれたりもした。井原さんに限らず、他の選手も僕の存在をほとんど知らなかったと思う。僕は全くの無名だった。

マツダからは前川和也さん、高木琢也さん、そして僕の3人が選ばれていた。その時、招集されたのは総勢22名。僕は同い年の大嶽直人《おおたけなおと》と最年少の石川康《こう》と同室だった。我々だけが唯一の3人部屋だったことを覚えている。

自分なりに、なぜ日本代表に選ばれたのだろうかと、いろいろ考えた。その結果、オフト監督が若い僕に経験を積ませるために呼んでくれたのだろう、と思うようにした。そう思えば多少なりとも気が楽になった。

オフト・ジャパンの初戦はキリンカップ1992のアルゼンチン戦だった。前日のミーティングにはちょっとしたエピソードがある。

オフト監督はスターティングメンバーを発表する時、ピッチの形をしたホワイトボードにポジション別にメンバーを書いておく。ベンチ入りは18名。招集されたメンバーの中で、ベンチ入りから外れる者もいる。当然、僕は18名に入れないと思っていた。ベンチからも外れるものだと思っていたので欄外《らんがい》を見た。すると自分の名前がないのである。おかしいな、と思った。阪倉裕二さんや浅野哲也さんがケガで離脱していたから、これはひょっとしてサブに入っているのかもしれないと思い、サブのメンバーのリストを見た。そこにも僕の名前がない。「もしかしたら、オフト監督は僕のことを忘れているんじゃないだろうか？」と本気で心配した。そして、スタメンのところを見た。そこに「17森保」と書いてあった。

さっと血の気が引くのが自分でもわかった。「うそやろー」と大声で叫びたい気持ちだった。頭の中が真っ白になった。横にいた高木さんが、「大丈夫だって、何とかなるって」と言ってくれたことをなぜか鮮明に覚えている。

普通ならば、「オレが先発で出てやる」とか、「オレはプレーするためにここに来たんだ」とか、代表選手ならば、そういった気構《きがま》えが必要なのだろうけれど、当時の僕には、そんな気持ちなど微塵《みじん》もなかった。

大変なことになってしまった。

ミーティングルームで、僕は汗の吹き出てきた手のひらを、ただただ握りしめるしかなかった。

不安と自信が交錯《こうさく》した代表デビュー戦

翌日の試合に備《そな》えて浜松から東京のホテルに移動した。今度は2人部屋だった。キャプテンを務める哲さん（柱谷哲二）と同部屋になった。

哲さんと会話するのはその時が初めてのようなものだった。哲さんは京都商業高校（現京都学園高校）時代から有名選手で、国士舘大学でも日産自動車でも活躍しているスタープレーヤーだった。哲さんもきっと僕がかなり緊張しているのがわかったのだろう。「1日ぐらい寝なくても、大丈夫。試合はできるよ」と声をかけてくれた。

確かにあの頃の僕は緊張のあまり、寝られなくなってしまうことがあった。

特に日本リーグ2部で試合に出始めた1989―90年シーズンは重症だった。日本リーグ1部昇格を賭《か》け、一つも負けられない緊迫《きんぱく》した状況が続いていたシーズン終盤戦、第29節のトヨタ自動車との大一番の前日は、プレッシャーのあまり一睡もできずに夜が明けてしまったことがあった。目を閉じると自分のプレーしているシーンが浮かび上がってきて、全く眠ることができなくなってしまうのだ。寝たとしても1時間ぐらいで目が覚めてしまったり……。明らかに緊張感に負けてしまっていた。

今でこそ、《緊張を楽しむ》ということがどういったことか、わかるようになったが、当時の僕は緊張が怖かった。正直、逃げ出したい気分でいっぱいだった。

その夜、ベッドに入って目を閉じた。「1日ぐらい寝なくても平気、平気」と自分に言い聞かせた。哲さんの言葉で気分的に楽になっていたせいだろうか、すっと眠りに落ち、ぐっすりと寝てしまったのである。

1992年5月31日。僕にとって初めて日本代表のユニフォームを着て戦った日である。代表での背番号は17だった。

国立霞ケ丘《かすみがおか》球場でプレーすること自体、初めてのことだった。5万人を超える大観衆の中でプレーすることも生まれて初めての経験だった。

キックオフの時間はあっという間に近づいてきた。緊張感がぐんぐん高まってくる。体が武者震《むしゃぶる》いした。

いよいよ、選手入場。メインスタンドの下からピッチへと歩き出していく。すると、パッと視界が開け超満員のスタンドが見える。大歓声が聞こえる。血が沸騰し、興奮が頂点に達した。

ピッチの上で整列すると、君が代が流れた。

目を閉じ、聴いた。こんなに心にしみるメロディーだったのかとその時思った。全身に鳥肌が立った。閉じた瞼《まぶた》の裏側に熱いものがこみ上げて来るのがわかった。一気にモチベーションが高まっていく。キックオフ寸前、緊張よりも集中力が上回っていくのを感じた。スタンバイOKという状態だ。もう怖れるものは何もなかった。

――GK松永成立《しげたつ》、DF都並敏史《つなみさとし》、堀池巧《たくみ》、勝矢寿延《かつやとしのぶ》、井原正巳、柱谷哲二、MF森保一、ラモス瑠偉、北澤豪《きたざわつよし》、FW中山雅史《まさし》、三浦知良――これがこの日のスターティングメンバーだった。

一方のアルゼンチンは前年度に開催された南米選手権に優勝した強力なメンバーだった。

――GKセルヒオ・ゴイコエチェア、DFファビアン・バスアルド、セルヒオ・バスケス、オスカル・ルジェリ、オスカル・クラビオット、MFホセ・ルイス・ビジャレアル、ダリオ・フランコ、ディエゴ・カーニャ、レオナルド・ロドリゲス、FWクラウディオ・カニーヒア、ガブリエル・バティストゥータ――カニーヒアら1990年イタリア・ワールドカップ出場組にバティストゥータが加わった攻撃陣はかなりの破壊力ある陣容だった。この試合でファーストシュートを打ったのは実は僕だった。

ちょっとダフってしまい、勢いよくボールは飛ばなかったもののふっと気持ちが楽になった。

アルゼンチンは悠然《ゆうぜん》とプレーしていた。正確なテクニック。パワフルなフィジカルコンタクト。何もかも差を感じた。特に10番をつけていたロドリゲスやエース的存在だったカニーヒアのプレーは鋭《するど》かった。結局、試合はバティストゥータに一発を決められ、0―1と敗れた。

しかし、いくらアルゼンチン代表選手といえども、やはり彼らだってミスをする。それがわかってほっとした。時間帯によっては自分たちも対等に戦えるということがわかった。「一緒の人間なんだ」と思うと、自然と気持ちが落ち着き、試合の中で気持ちが切り替わっていくのを感じた。

試合後、「全然、緊張しているように見えなかった」とみんなに言われた。逆にうるさいほど声を出しまくっていたらしい。やる前は緊張していたが、いざ始まってしまえば、集中力が上回り、僕は試合に没頭《ぼっとう》していた。

翌日、新聞を読んで驚いた。アルゼンチン代表のアルフィオ・バシーレ監督とカニーヒアが僕のプレーを高く評価した、という記事が載《の》っているではないか。それまで、メディアの間でも、「森保って誰だ?」という感じだったのだが、これがきっかけとなって、各マスコミが僕のことを取り上げるようになった。これまで取材などを受けたことのない僕が、急に報道陣に囲まれるようになったのである。

僕自身、この試合で特別なプレーをしたつもりは全くなかった。いつもどおり、自分ができることを精一杯やっただけである。日本リーグでのパフォーマンスとなんら変わりはなかった。だからこそ、そんな周囲の喧騒《けんそう》をクールに見ている自分もいた。

続く、キリンカップ1992の2戦目の相手はウェールズ。

ウェールズ代表には2年前に短期留学していたマンチェスター・ユナイテッド(イングランド)のマーク・ヒューズがいた。雨で重いピッチコンディションのため、フィジカル面での違いがより顕著《けんちょ》になり、0―1で敗れてしまった。ロングボールを主体にフィジカルを前面に押し出したウェールズの試合運びに対抗できず、試合内容は決して満足のいくものではなかった。

貴重な経験を積んだ2試合だった。充実感があった。手応えを感じた。このチームに残ってもっと試合がしたい、と強く思った。

試合後のミーティングの席上で一人ひとり発言する機会があった。僕は、「この代表チームで貴重な経験ができてうれしい」と素直に自分の気持ちを話した。ところが、福田正博さんは「自分を試合に使わないのなら、今後、代表に呼ばないでほしい」と平然と言い放った。その強いメンタリティーに僕は衝撃を受けた。と同時に代表とはプライドを秘めた男たちの戦う場所なんだということを強烈に思い知らされた。

日本代表で試合を重ねるたびに身についた自信

7月にはオランダのザイストに遠征し、戦術の徹底を図《はか》る合宿を行った。練習試合の3試合目は、オランダリーグ1部のトゥエンテと行ったのだが、この試合で相手選手と接触。右足のスネをスパイクされ、裂傷《れっしょう》してしまった。大事をとって、合宿途中だったが、帰国。その時のキズは今でも脚《あし》に残っている。

続いて8月には神戸と東京でユヴェントス（イタリア）と2試合を戦った。

この時のユヴェントスにはイタリア代表のジャンルーカ・ヴィアッリ、ロベルト・バッジョ、ドイツ代表のアンドレアス・メラー、ユルゲン・コーラーなど錚々《そうそう》たるメンバーが揃っていた。バッジョは当時25歳。ポジション的にもマッチアップすることが多かったが、彼のプレーの切れには素晴らしいものがあった。

印象的だったのは、バッジョのPKのシーン。ペナルティアークの位置で、GKがクリアした場合を想定して準備していると、コーラーが寄ってきて、「彼はミスをしないよ」と我々に向かって宣言したのである。事実、バッジョは難なくPKを決めたのだが、その目は恐ろしいほど冷静だった。この試合は、吉田光範《みつのり》さん、カズさん（三浦知良）のゴールで2—0とリードしながら、バッジョのPK、そして試合終了直前のメラーの同点ゴールで引き分けに終わった。続く2戦目は、お返しとばかりに試合終了直前に井原さんが同点ゴールを決め、結局、2試合ともに引き分けた。

この年の夏、中国の北京《ペキン》でダイナスティカップが行われた。参加国はホスト国の中国、北朝鮮、韓国、そして日本。オフト監督就任後、アジアのチームとの対戦は初めてのことだった。

初戦の相手は韓国。ずっと日本が苦杯を喫し続けている強敵である。僕自身、初めての韓国戦は、いつもと違った緊張感があった。

結局、試合は0―0のスコアレスドローに終わったのだが、意外だったのは、韓国が日本を非常に警戒していたこと。それに加え、フィジカル面で定評のある韓国の4、5人の選手たちが後半になって脚がつり始めたのである。終盤になると日本ペースで試合は進み、僕自身、点を取られるような気は全くしなかった。この韓国戦が自信になったのは言うまでもない。

翌日、思わぬアクシデントに見舞われた。練習の際、グラウンドのギャップに足を踏み入れてしまい、足首を捻挫《ねんざ》してしまった。結局、残りの全試合は欠場せざるを得なかった。しかし、中国に2―0、北朝鮮に4―1と快勝。決勝で再び韓国と顔を合わせることになった。

決勝のロッカールーム。

オフト監督はいつもホワイトボードに3つのことを箇条書《かじょうが》きにして、説明する。1番目は基本的なこと、つまり、トライアングル、アイコンタクトなど、今まで我々が取り組んできた最低限の約束ごとの再確認である。2番目は相手チームの分析。3番目がその分析に対して、我々がやらなければならないことを守備面、攻撃面で、それぞれ挙げるのである。いつも試合に臨むに当たって、3つのことだけを頭に叩き込み、やるべきことをチェックする。それがオフト・ジャパンのロッカールームでのいつもの決まりだった。この日は最後にもう一つ、こんなことがあった。

オフト監督は手に持っていた韓国代表のメンバー表をおもむろに破り捨て、「こんなものは関係ない。あとはお前たちが自分たちのサッカーをやるだけだ」と激しく檄《げき》を飛ばしたのである。オフト監督がこういったパフォーマンスじみたことを行ったのは後《あと》にも先にもこれ一度だけだった。

オフト監督の檄でチームが一つに結束した。

そして、決勝は劇的な展開となった。

韓国は高正伝《こじょんうん》、河錫舟《はそっちゅ》の2トップを軸に何度もチャンスを作り、日本を攻め立てた。前半32分に韓国が先制。その韓国ペースだった流れを変えたのが途中出場のラモスさんだった。ラモスさんの加入で中盤でパスがつながり始め、日本にリズムが生まれた。そして土壇場の後半38分、ラモスさん、浅野哲也さんのワンツーから中山さんが決め、同点に持ち込んだのである。

延長に入り、高木さんがいったんはGKにシュートを弾《はじ》かれながらも再び押し込み、勝ち越すが、その1分後に再び追いつかれ、韓国の底力《そこぢから》をまざまざと見せつけられた。試合はＰＫ戦にまでもつれ込む。何とか４—２でＰＫ戦を制した日本は、１９５４年のアジアサッカー連盟（ＡＦＣ）創設以来、公式戦で初めて優勝カップを掲《かか》げた。

僕自身、初戦の韓国戦しか出場できなかったが、その韓国相手に十分戦えたことでかなりの自信をつかんでいた。そして、ピッチの外から代表チームを客観的に見ることにより、より冷静にチームを観察することもできた。代表の仲間たちの力強い戦いぶりに胸が熱くなり、日本代表への想いはさらに深くなっていった。

地元広島でアジアカップを制覇

この年の10月30日から第10回アジアカップが広島で行われた。地元開催の大会ということもあって、僕自身のモチベーションは限りなく高かった。

ダイナスティカップで優勝し、結果を残したことでオフト監督への信頼感も増し、チームが上昇気流に乗っている感じだった。ダイナスティカップでは初戦の1試合にしか出場できなかった僕は、代表の試合が待ち遠しくて仕方がなかった。とにかく、日本代表のために役立ちたい、という気持ちでいっぱいだった。

初戦はＵＡＥ（アラブ首長国連邦）。僕はラモスさん、吉田さんとの距離を意識しながら、プレーしていた。相手にボールを奪われても、できるだけ近い場所にいて、プレッシャーをかけ、決定的なカウンター攻撃の起点《きてん》を潰《つぶ》したり、相手の攻撃を遅らせるような動きに努めた。決定的なピンチこそなかったが、逆に日本も決定機が作れず、０―０の引き分けに終わった。

第２戦の北朝鮮戦。相手はダイナスティカップで僕らに敗れたためか、５バック気味に守りを固め、カウンター攻撃に賭けるシンプルな戦いを仕掛けてきた。日本はこれに手を焼いた。前半からたびたびピンチを迎え、前半29分にとうとう失点を許してしまう苦しい展開になった。日本が反撃に出たのは、北朝鮮の足が止まりだした終盤。途中交替で出場した中山さんが同点ゴールを決め、辛《かろ》うじて引き分けに持ち込んだ。

予選リーグ最後はイラン戦だった。

負けはもちろん引き分けでも準決勝に進めない日本。イランは引き分けでも決勝トーナメント進出という有利な状況だった。当然、イランは引き気味に守りを固め、ボールを奪ったらカウンター攻撃に出るシンプルなゲームプランで対抗してきた。

自分も、相手がボールを奪ったらできるだけそこにプレッシャーをかけ、相手の攻撃を

日本代表に入ってから森保のサッカーを取り巻く状況が劇的に変わった。

遅らせる役割に専念した。

後半8分に退場者を出したイランは、さらに引いて守り、ゴール前を固めた。日本は後半23分、キーちゃん（北澤豪）と吉田さんに代えて、ラモスさんと中山さんを投入。もう攻めるしかない。点を取るしかない。そして、試合終了3分前、オーバーラップした井原さんのパスをカズさんがニアの狭いコースに決め、1―0で勝利した。試合後にカズさんが言った「足に魂《たましい》を込めました」という言葉には僕もしびれた。改めてカズさんの勝負強さを思い知らされた一戦だった。

試合を重ねる度《たび》に自分の調子も上がっていった。大会自体も盛り上がりを見せ、観客の数も増し、僕自身、気分的にもかなり乗っていた。

広島スタジアムで行われた準決勝の中国戦は満員の観客で膨《ふく》れ上がっていた。日本代表に対する期待感をひしひしと感じたが、試合自体は厳しい展開となった。

キックオフから1分も満たない時間帯に失点を許し、いきなり0―1。攻めても攻めても身体能力の高い中国DF陣の厚い壁にはね返されて、前半は1点のビハインドのまま折り返す。

後半3分、CKから福田さんのヘディングシュートが決まり、同点。続く後半12分には前線で高木さんがヘディングで落としたところにキーちゃんが走り込んで、豪快に決め、逆転に成功した。しかし、その直後に思わぬアクシデントが発生する。

後半15分にGKのシゲさん（松永成立）がラフプレーを取られ、退場になってしまったのだ。今度は俄然《がぜん》、中国が反撃に出る。そして後半25分、中国に同点ゴールを決められ、再びゲームは振り出しに戻った。ところが1人少ない状況ながらも日本は攻撃に出る。後半30分、スーパーサブ的存在だった中山さんがピッチに入ると一気にチームに勢いが生まれた。中山さんは今でもそうだが、当時もピッチに入るだけで、何かを起こす不思議なパワーを持っていた。ついに後半39分、その中山さんが決勝ゴールを挙げて、日本は決勝の舞台へと駒を進めることができた。

熱狂の広島スタジアム。追いつ追われつの展開にサッカーのドラマ性がふんだんに織り込まれ、観る者にとっては素晴らしくスリリングな試合になったはずである。と同時に苦しい状況に追い込まれながらも、諦めなかったチームに僕自身、戦いながらも成長の跡《あと》を感じた。しかし、僕は残念ながらこの試合で警告を受け、累積警告《るいせき》により、決勝戦は出場停止になってしまった。それでも大会をとおして、自分の力を発揮できた満足感とかすかな手応えを感じていた。

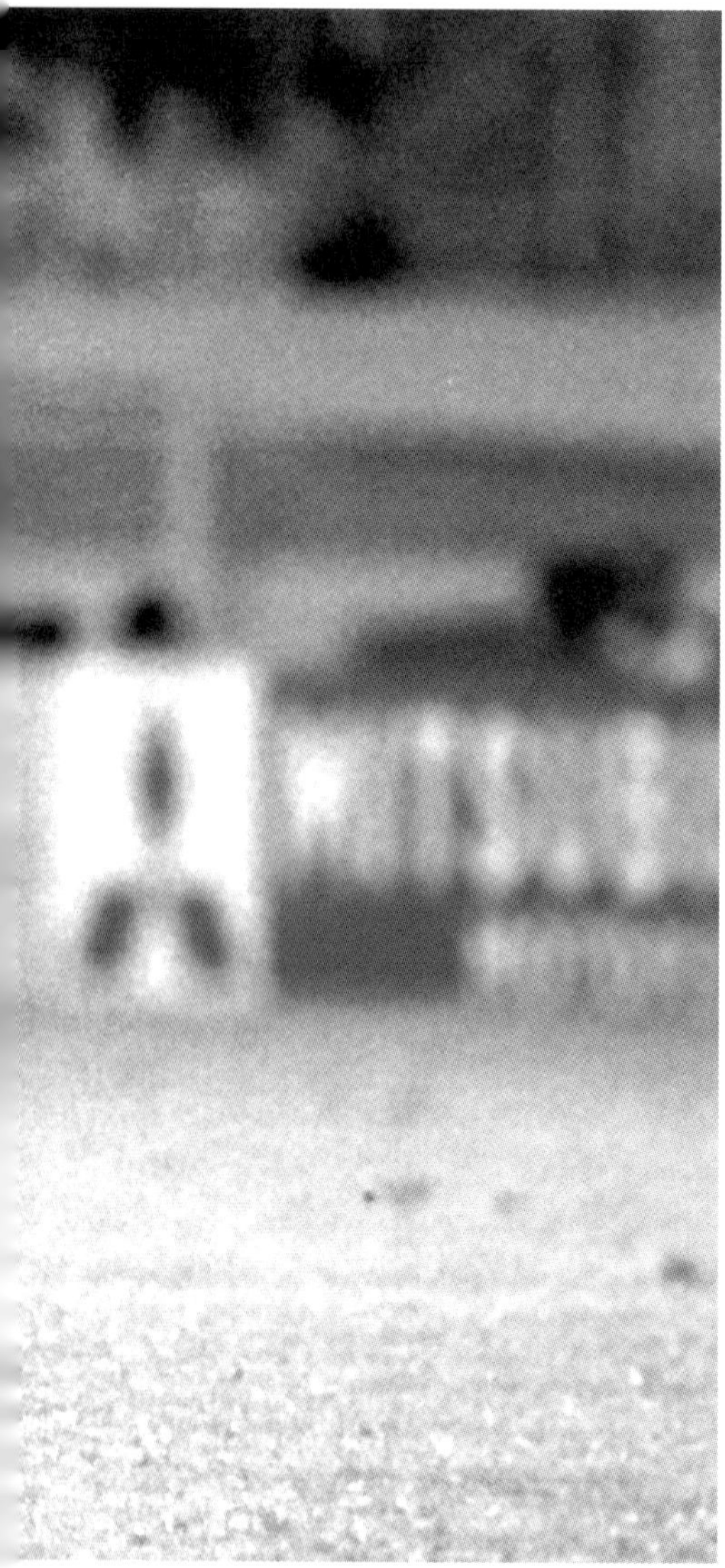

1993年
W杯アジア
最終予選

決勝の相手はサウジアラビア。超満員になった広島ビッグアーチを見て、身震いした。僕自身は出場できなかったが、一緒に戦っているという思いでいっぱいだった。優勝したいと心の底から思った。決勝ゴールを決めたのは、それまでなかなか結果の出なかった高木さんだった。彼のゴールが決まった瞬間、僕は飛び上がった。スタジアムが今まで聞いたこともないくらいの大歓声に包まれて、すごく興奮したことを覚えている。こうして僕たちはアジアのチャンピオンになった。

実はこの大会にはとてもいい思い出がある。僕なりにとても質の高いプレーができて満足していたのだが、残念ながら大会のベストイレブンには選ばれなかった。ところが、記者やカメラマンがグラウンドレベルで僕の活躍を称《たた》えてくれ、『陰のMVP』に選んでくれたのだ。ファインダー越しに多くの局面で僕がフレームインしてきたからというのが理由らしい。わざわざ『カメラマンが選ぶMVP』という楯《たて》を作ってくれた。これは最高にうれしかった。個人タイトルとはずっと縁がなかったし、守備的MFという目立たないポジションに加え、僕のプレースタイルからしても、なかなか評価されにくいだけに、余計にうれしかった。頑張れば、どこかでちゃんと見ていてくれる人がいるんだということを教えてもらった楯でもあった。今でもその楯はリビングに飾ってある。その楯がいつもちゃんと僕を見ているような気がするのである。

〔福田正博　森保一を語る〕
「守備的MFの先駆けとなった選手と言っていいでしょう」

僕が日本代表に初めて呼ばれたのは、横山兼三《けんぞう》監督の時です。森保に初めて会ったのは、1992年、オフト体制に代わって最初に行われた浜松合宿でした。まず、「森保一」が誰なのか全く知らなくて、「何て読むのかな」というぐらい、当時の彼は無名でした。合宿中の練習でさえ、彼の存在に気づかなかったことを記憶しています。もちろん、浜松合宿の時はひと言も話していないと思います。

森保の日本代表初出場となったアルゼンチン戦のスターティングメンバー発表で、彼の名前を見つけた時は、彼の存在を知らなかっただけに、ものすごく強い衝撃を受けたのを覚えています。いきなり初招集で初先発でしたからね。彼はデビュー戦（アルゼンチン戦）で高く評価されたようでしたが、僕自身は彼のポジションに対する認識があまりなかったので、正直なところ、「あれくらいのプレーなら浅野と変わらないのではないか」と思っていました。当時は浅野があの位置を確保していましたからね。

その後、僕自身が中盤にコンバートされ、守備の勉強もするようになって初めて、森保の仕事を理解するようになりました。彼に対する認識を改めたわけです。まだ、当時の日本のサッカーには、あの地味《じみ》な仕事を評価する土壌《どじょう》がありませんでした。だから、オフト監督はメディアなどを通じて彼の良さを表現していたのでしょう。それだけ森保は、守備的MFの先駆けとなった選手と言ってもいいでしょう。

森保は当時、オフト監督の息子というような表現をされていました。広島で開催されたアジアカップで優勝した時も、「もっと森保を評価すべきだ」と、オフト監督は言っていましたからね。

彼のプレーには性格がにじみ出ていました。手を抜くことは決してない。文句を言わず黙々《もくもく》とプレーする。常にチームのことを優先させる。サッカーは11人でやる団体競技なので、彼のような選手ばかりではチームとしては魅力に欠けますが、必ずチームに一人は必要な選手なのです。黒子《くろこ》に徹してくれる選手。当時はラモスさんのカバーを黙々とやっていたのを覚えています。

代表時代の合宿中の食事などは、ほとんど一緒に食べていました。僕が話をして彼が聞くという、絶妙なコンビでした。合宿中の散歩や買い物にもよく一緒に出かけたものです。

自分のプレーがうまくいかないと、たいていの場合、何かしら理由をつけたり、言い訳をしたくなるものですが、森保は一切そういった弱音を吐《は》かない。絶対に人のせいにしないで、自分を犠牲にできる本当に素晴らしい人物です。

それから、こんなこともありました。

１９９９年に浦和レッズがＪ２リーグに降格してしまった時のことです。その時の対戦相手が、当時、森保が所属していたサンフレッチェ広島だったんです。僕のＶゴールで試合自体には勝利したものの、降格が決まり、肩を落としながら整列してサポーターに挨拶をし、今度は逆サイドのサポーターにも挨拶に行こうとした際、広島の選手たちと交錯《こうさく》したんです。すると、ちょうどすれ違いざまに彼から、「また上がってくればいいじゃないですか」と声をかけられたんです。その言葉を聞いた瞬間、涙が止まらなくなってしまいました。我慢していたものが一気に噴き出してしまった感じでした。何よりも、彼の人柄がより一層感じられた瞬間でしたね。

【高木琢也　森保一を語る】
「ポイチの顔がみるみる真っ青になっていくのがわかった」

ポイチといえば、真っ先に思い浮かぶのが、1992年のアルゼンチン戦の先発メンバーを発表する時です。

あの当時のオフト監督は、試合前日のミーティングで先発メンバーを発表するのが慣例でした。

ホワイトボードをひっくり返すと先発とリザーブの名前が書いてあるのですが、そのホワイトボードの先発メンバーのところに森保という名前を発見した時、ちょうど僕の横に座っていたポイチの顔がみるみる真っ青になっていくのがわかりました。

初招集でいきなりの初先発。３人いた広島勢では唯一のスタメンでしたからね。ミーティングが終わって、呆然《ぼうぜん》と座っているポイチに、「まあ、なるようにしかならんよ」と声をかけたのを覚えていますが、聞こえたのか聞こえていなかったのか、ほとんど無反応でした。

それから代表戦で記憶に残っているポイチのことは、オランダ遠征です。１９９２年７月にオランダのザイストでキャンプを張り、オランダリーグのＡＺ（アルクマール・ザーンストレーク）やトゥエンテと試合をしたんです。

その頃は、１カ月ぐらい現地にいたこともあって、みんなかなり疲労が溜《た》まっていました。代表合宿終了後、僕と前川、ポイチの広島勢はチェコで合宿中のクラブに合流するように言われていた。

ところが、ポイチは、トゥエンテ戦でスネを傷《いた》めてしまい、結局、治療するために日本に帰国することになったのです。

僕自身がちょっとしたホームシックだったこともあって、帰国できるポイチが羨ましかったです。案外、本人もほっとしていたかもしれませんけど……。

第五章　記憶——ワールドカップ予選

1次予選を控え、次々とチームを襲ったアクシデント

ドーハの悲劇。

果たして、この言葉を今まで何度耳にしたことだろう。

そのたびに、僕はちょっとした違和感を覚えるのだ。

悲劇？　そんなものじゃない。できれば永久に記憶から消し去りたい。今でもそう思っている。それでも、ふとした拍子《ひょうし》に甦《よみがえ》ってくる記憶に今でも戸惑ったりする。

もうあれから10年以上が過ぎた。遠い昔の出来事になりつつある。記憶や思い出といったものは、たぶん少しずつ風化していくものなのだろう。だが、あの1994年アメリカ・ワールドカップ予選で僕が経験した日々は、年月を重ねるたびに、逆に少しずつ鮮明になってくるような気がする。不思議なものだ。頭の中で知らないうちに自然と整理しているのかもしれない。

ワールドカップに出場するために、予選突破するために、本当に長い長い時間を費やした。合宿に出かけ、家に戻ってても再びまた合宿に行く。そんな生活がずっと続いた。代表

チームで同室だった哲さん（柱谷哲二）にはよくこんなふうに言われたものだ。「嫁さんといるより、お前といるほうが長いな」と。本当にそれくらいずっと哲さんと一緒だった。あの1993年を今、こうしてふり返ってみても、本当にいろいろなことがあった1年だった。

年が明けた2月、まず日本代表はイタリア南部のレッチェに行き、合宿を張った。とにかく厳しいフィジカルトレーニングを課せられた。ひょっとしたら、僕のサッカー人生の中でも最も過酷《かこく》なトレーニングだったような気がする。

でも、ワールドカップに出場したいという大きな目標があったから、どんなにきつくても耐えられた。逃げ出したいとも思わなかった。逆にこのトレーニングを乗り越えなければ戦えない。そう思って練習に取り組んだ。自分だけじゃない。ベテラン組も悲鳴を上げながら、来る日も来る日も過酷なフィジカルトレーニングと向き合っていた。

レッチェでは練習試合を3試合行っている。なかでも初戦のユヴェントス（イタリア）との一戦は強烈な印象が残っている。というのも、ユヴェントスとは前年の夏、日本で親善試合を2試合行い、それぞれ善戦し、引き分けていたからだ。その後、僕たちはダイナスティカップに優勝し、アジアカップも制覇していた。優勝したという自信とプライドがチーム全体に芽生《めば》えていたような気がする。しかし、そういったおごりをユヴェントスに木っ端微塵《こっぱみじん》に吹き飛ばされてしまった。

ぬかるんだピッチ条件、連日の過酷なフィジカルトレーニングの疲れ、オフ明けで試合勘《かん》が鈍《にぶ》っていたなど、言い訳の材料はいくらでも揃っていた。ましてやユヴェントスはシーズン真っ最中でコンディションも良く、ホームで戦えるなど、優位な条件が整っていた。それらを加味《かみ》しても、日本代表はコテンパンにやられたのである。前半だけで3失点。ユヴェントスの選手たちの、技術の正確さには再度、驚かされた。

ハンス・オフト監督は、この合宿と練習試合で、「選手たちの高くなった鼻を折るのが目的だった」と言っていたが、まさに僕自身も、もう一度、原点に立ち返った。もう一段階、レベルアップしなければ、世界を相手には戦えないことを痛切に感じたイタリア合宿だった。

目前に迫った1994年アメリカ・ワールドカップアジア1次予選。しかし、チームを次々とアクシデントが襲《おそ》った。

3月のキリンカップ直前の練習中に、哲さんが頬骨を骨折してしまい戦線離脱。1次予選直前の沖縄合宿では、キーちゃん（北澤豪）が左足小指中足骨を疲労骨折してしまい、

1次予選の日本ラウンド出場は絶望的になった。

僕自身、何度もケガをしている。マツダに入団して2年目のシーズン終了後、右足首のフットボーラーズ・アンクル（関節ねずみ）を除去するために手術をして、約1カ月間の入院をしたことがある。それ以外にも大なり小なり、必ず体のあちこちを痛めていた。それは他の選手も同じで、ラモスさん（ラモス瑠偉）も常に膝に爆弾を抱えながらプレーしていた。

チームの状態は決して万全というわけではなかったのだ。

いよいよ幕を開けたワールドカップへの道

4月、いよいよ1994年アメリカ・ワールドカップアジア1次予選が始まった。

対戦相手はタイ、バングラデシュ、スリランカ、UAE（アラブ首長国連邦）。まず、4月8日から日本で第1ラウンドが行われ、4月28日からUAEに場所を移して第2ラウンドが行われた。

初戦の相手はタイだった。やはりと言うべきか、予想どおり硬くなった。ピッチに足を踏み入れた時には身震いした。これから僕たちのワールドカップへの戦いが始まるんだと思うと胸が高鳴った。僕自身、初めて体験するワールドカップ予選に興奮していた。他のメンバーも同じような気持ちだったはずだ。チーム全体の動きも硬かった。初戦は、タイの積極的なオフサイドトラップに面食らったところもあった。

前半29分、福田正博さんの浮き球のパスをカズさん（三浦知良）が決め、先制。その後も、何度かチャンスはあったものの決めることができず、辛うじて1―0で勝ち点3を手にした。この試合で僕は相手選手と競《せ》り合って鼻を強打。鼻血を出して、一時、ピッチの外に出た。試合後、検査を受けると、鼻骨《びこつ》骨折と診断された。

普通ならば、大事をとって……となるのだろうけれど、僕は休むつもりなど毛頭《もうとう》なかった。確かにヘディングをしたり、相手選手と接触すると鼻骨に痛みが走ったが、ボールを蹴られないことはなかった。試合中は興奮し、アドレナリンが出ているせいか、幸い痛みを感じることはなかった。しかし、試合が終わって、部屋に戻るとズキズキとヒビが入った部分が痛んだ。

初戦を乗り切ったおかげで、一気に勢いが出てきた。バングラデシュに8―0、スリランカに5―0と大勝。3勝と最高の状態で1次予選最大のライバル、UAEと対戦した。

このUAE戦、試合開始早々、都並敏史さんが相手選手に強烈なタックルを見舞った。戦いの合図である。都並さんのこのワンプレーで僕も燃えた。みんな同じだったと思う。前半20分にCKからの混戦で浮いたボールを、哲さんが押し込んで先制。さらに後半31分、再びCKから高木琢也さんが得意のヘディングシュートを決めて、試合を決定づけた。

試合後、サポーターのもとに挨拶に行った。サポーターが掲げていた無数の日の丸がさざ波のようでとてもきれいだった。日本代表の一員であることを実感できた瞬間だった。

第2ラウンドはUAEのドバイで行われた。

ドバイではいきなりアウェーの洗礼《せんれい》を受けた。練習グラウンドに入ると1本の釘《くぎ》が……。危ないなあと思いながらマネジャーに渡すと、またもう1本見つかった。他のチームメートも加わり、釘探しが始まった。すると無数の釘がグラウンドのあちらこちらに落ちているではないか。現地の担当者によれば、数日前ここで運動会をやったので、その時の釘が……と苦しい弁明だった。アウェーとはこんなものかと痛感した。勝つためなら、どんな手を使ってでも……と。

初戦のタイ戦は再び苦しい試合になった。しかし、堀池巧さんの強烈なミドルシュートが決まり、1―0と辛勝した。その後、決して快勝というわけではなかったが、バングラデシュとスリランカに勝利し、この時点でほぼ1次予選突破を確実にしていた。最後のUAE戦では先制点を奪われたが、澤登正朗《さわのぼりまさあき》の同点ゴールが決まり1—1。最終予選へ駒を進めることができた。

この予選で痛感したことが一つあった。僕のスネ当てがいくつか割れたのである。そんなことはこれまでの親善試合などではまずなかったことだった。スネ当てにヒビが入るほど、球際の競り合いが激しく、ケガなど怖れることなく、突っ込んでいく。ワールドカップへの強烈な想いが、こんなスネ当てのヒビにも表れていた。

ワールドカップ最終予選に臨む雄叫《おたけ》び

UAE戦の1週間後、ついにJリーグが開幕した。

前年の秋にアジアカップに優勝し、1994年アメリカ・ワールドカップアジア1次予選も突破。日本代表の活躍がJリーグ人気に拍車《はくしゃ》をかけた。多くのファンがスタジアムに詰めかけ、サッカーを取り巻く状況は劇的に変わった。僕も街を歩いていると突然、声をかけられて激励《げきれい》されたり、サインを求められることも多くなった。それまで一部のファンによって支えられていたサッカーが幅広い層に受け入れられ、新しいファンを獲得しつつあることを実感した。僕自身にとっても待ちに待ったプロリーグの誕生だった。

7月中旬に第1ステージが終了し、その10日後には第2ステージが開幕。そして9月10日、Jリーグは一時中断し、日本代表メンバーは最終予選を前にしたスペイン合宿に向かった。

しかし、この合宿に哲さんは参加できなかった。急性肝炎を患《わずら》い、入院してしまったのである。都並さんも負傷した左足の状態が思わしくなかった。キャプテンの不在に加え、都並さんのバックアップメンバーが決まらない。さらに毎日、単調な練習のくり返し。5月からほとんど休みなしにJリーグを戦ってきたため、疲れがどっと出ていた時期でもあった。僕だけでなく、チーム全体に疲れは見られた。

しかも、スペインリーグ2部のクラブとの練習試合で3連敗を喫してしまい、チームはガタガタになった。大事な最終予選を前に、明らかにチーム全体が苛立《いらだ》っていた。

そんな時期に、一つの転機となる試合があった。

10月4日に行われた国立霞ヶ丘競技場で行われたアフロアジア選手権だった。アジアの覇者とアフリカの覇者が戦うこの試合は、最終予選に向けた壮行試合という意味合いもあった。相手はコートジボワールだった。

哲さんが復帰し、都並さんが務めていた左サイドバックのポジションには、三浦泰年《やすとし》さんが起用されていた。両チーム無得点のまま迎えた延長後半11分、カズさんが絶妙のトラップからゴールを決めた。その後はチーム一丸となり守り、1—0で逃げ切った。

試合後、ロッカールームに雄叫びが響いた。チーム全員でもぎ取った勝利だった。キャプテンの哲さんが戻ってきた。都並さんのバックアップも決まった。これまで戦ってきたみんなでドーハに行こうと国立のロッカールームで再びチームが結束した。

10月8日、成田空港からカタールのドーハに向けて、日本代表のチャーター機は出発した。機中ではみんなひたすら体を休め、束《つか》の間《ま》の休息の場となった。

チームの危機を救った檄《げき》と笑い

カタールは熱かった。40度前後の炎天下での練習は苦しかったが、この暑さに慣れなければ、という思いもあった。僕自身のコンディションは決して悪くなかった。

10月15日からカタールで行われた1994年アメリカ・ワールドカップアジア最終予選。

アメリカに行ける切符は2枚。これをイラン、イラク、サウジアラビア、韓国、北朝鮮、そして日本を含めた6カ国で争った。

初戦の相手はサウジアラビアだった。

オフト監督の考えは、「引き分けでもOK」だった。

サウジアラビアもかなり日本を警戒していた。全体的に引き気味で、ボールをゆっくりと最終ラインで回す時間帯が多かった。ここでじれてしまったほうが負けだと思った。僕も中盤の底で、周囲との距離に気を配りながら、相手にスペースを作らせないようにと常に動き回った。少しでもスペースを空《あ》けると柔軟なドリブルで突破を図ってくる。厄介《やっかい》な相手だった。結局、徹底して守りを固めるサウジアラビアに、日本は決定的なチャンスを作れず、スコアレスドローに終わった。お互いに勝ち点1を獲得。

続くイラン戦。相手は日本を研究していた。左サイドを徹底的に突かれ、そこからピンチが広がった。前半のロスタイムに失点。しかし、ハーフタイムではみんな、「まず1点！」と声をかけ合い、後半に臨んだ。その後半、日本は決定機が何度もあった。しかし、井原正巳さんがほんのわずか足が届かなかったり、「入った！」と思ったカズさんのヘディングシュートが右ポストを叩《たた》いたりと、どうしても枠をとらえきれない。チーム全体に焦《あせ》りが生まれていた後半40分、アリ・ダエイに致命的な2点目を奪われた。失意の中、途中出場の中山雅史さんがゴールラインを割りそうなボールを諦めずに追いかけ、角度のないギリギリの位置からゴールを決め、1点を返した。しかし、あまりにも時間帯が遅すぎた。1―2の完敗。

ロッカールームには重苦しい空気が漂っていた。僕自身、おそらくうなだれていたと思う。でも、そんな中でラモスさんが怒鳴った。「てめーら、ふざけんじゃないよ。ぜんぜん戦ってないよ。負けて当然だよ。相手のほうが必死になって戦ってるじゃないか」。ラモスさんの言葉がグサグサと胸に突き刺さった。

こんなチーム状態を救ってくれたのが都並さんだった。

都並さんの左足は結局、完治しなかった。最終予選には間に合わなかったのだ。何本も何本も左足に注射を打ち、ハードなリハビリをこなし、ピッチに立つためにありとあらゆる治療を行ってきたことをチームの誰もが知っている。きっと、一人でもがき苦しんできたのだと思う。でも、僕たちにはそんな素ぶりは一切見せなかった。常にチームを盛り上げようと努めてくれていた。

苦しい時間帯に声を出す。つまらないミスをして、しょげかえっている時に声を出す。

試合に負け、がっくりとうなだれてしまった時に声を出す。ピッチの中の都並さんはいつもそんな感じだった。その姿勢はピッチの外でも同じだった。

イランに負けた夜、知り合いの記者に日本から持ってきてもらったハンディカラオケを抱えて、都並さんは選手たちの溜まっている場所に出向き、歌って回った。これに中山さんが加わって、あちこちで笑い声が生まれた。カズさんもマイクを握って歌った。暗くなりがちだったチームのムードがこれで一変した。都並さんや中山さんの明るさにこの夜は本当に助けられた。そして、彼らの心遣いをチームのみんなが察知した。束の間のバカ笑いが、しばしの間、何もかも忘れさせてくれた。そして、それぞれの部屋に戻っていく。笑った分だけ、心が軽くなったように感じながら僕も部屋へ帰っていった。そして、絶対に勝ちたいと改めて思った。

運命の北朝鮮戦と韓国戦

もう勝つしかない。残り3試合で全勝するしかない。

3戦目の北朝鮮戦は、チーム全体が、「もうやるしかない」と吹っ切れたように攻撃的になった。負ければ終わり。でも、誰も負けることを怖れず戦おうとしていた。イラン戦の敗戦で、みんなの気持ちは一つになっていた。

オフト監督は出場停止の高木さんに代えて中山さんを起用し、健太さん（長谷川健太）を右ウイングに据《す》えて、カズさんを含めた3トップに近い攻撃的な形に変更した。この采配が的中する。90分間、常に自分たちがゲームを支配。日本ペースでゲームを展開することができた。

僕の日本代表での役割は、中盤のルーズボールを拾ったり、パスカットして、奪ったボールをできるだけ早くラモスさんに渡すことである。常にラモスさんのそばにいて、衛星的な存在でいることを心がけた。オフト監督には、「ワイパーになれ」と常に言われ続けてきた。つまり、中盤の底で車のワイパーみたいに左右に動く働きをするわけだ。また、「中盤のスイーパー的な役割をやれ」と言われていた。

中盤で誰かが競り合い、こぼれたボールをいち早く拾い、すぐにパスを出す。哲さんには、「アルゼンチンにはディエゴ・マラドーナがいて、その近くには必ずダニエレ・バチスタがいる。バチスタが汚れ役に徹し、ボールを奪うとすぐさまマラドーナにボールを預け、攻撃を組み立てていく。そのバチスタの動きをよく見てみろ」とアドバイスを受けたことがあった。

日本代表では常に汚れ役に徹してきたつもりだ。この北朝鮮戦でも、僕はラモスさんの後ろで自分の任務に奔走《ほんそう》した。そして、自分でも驚くほど、その役割を果たせている実感があった。

前半28分、ラモスさんのＦＫにカズさんが頭で決めて先制。

後半６分には右サイドを走るカズさんに僕がミドルパスを通し、カズさんがグラウンダーのクロスをゴール前に送ると、走り込んできた中山さんが決めて２点目。後半23分にはラモスさんのＣＫをカズさんがダイレクトでゴールに突き刺し、試合を決定づける３点目を奪った。

もう押せ押せだった。僕自身、ノリに乗っていた。それが裏目に出た。終了間際という時間帯で、つい相手選手を強引《ごういん》に止めに入ってしまった。チェックに行った瞬間、自分でも、「あっ」と思った。笛が鳴りイエローカードが出された。「バカなことをした」と思った。ハーフタイムにオフト監督から不必要なカードはもらうなと言われていた矢先だった。点差や時間帯を考えれば、やってはいけないプレーである。結果、僕は出場停止で次の韓国戦に出られなくなってしまった。

常にラモスの傍にいて、オフト監督からは「常にワイパーになれ」と言われ続けた。

3―0と快勝して、「よっしゃ、次！　次！」と威勢のいい声が飛び交《か》う中、頭を抱え込んでいる自分がいた。ホテルに戻ると、哲さんに、「あんなところで行くべきじゃない。でも、やったことは仕方ない。次の試合に向けて、いい準備をしておけ」と言われ、気持ちを切り替えた。

絶対に勝たなければならない韓国戦。

戦いたかった。が、僕はベンチ裏のスタンドの最前列で試合を観るしかなかった。

対戦相手の韓国には、サンフレッチェ広島のチームメートである盧廷潤《のじゅんゆん》がいた。

僕は彼ととても仲が良かった。この最終予選、同じホテルのフロアごとに各国代表チームは宿泊していた。食事はホテル側が用意してくれた料理をバイキング形式で摂《と》るスタイルで、日本代表は専属コックが同行してはいたが、おにぎりやうどんなど炭水化物の食事が中心で、正直なところ、ちょっと食傷気味《しょくしょうぎみ》だった。

そんな状態だったから、盧廷潤が気を利《き》かして、「ホテルのこんな食事じゃ力でないでしょ」と銀紙にキムチとプルコギを包んで持ってきてくれたのである。とても美味《おい》しかったし、彼の心遣いが本当にうれしかった。こんな状況の中、しかもライバル国である日本のチームメートへの差し入れである。やろうと思ってもできることじゃない。そう思っていたら、案の定、盧廷潤はライバル国に情報を漏《も》らしたという疑いをかけられ、韓国のメディアからつるし上げを食らうことになってしまった。盧廷潤の名誉のために改めて言っておくが、僕がもらったものは銀紙に包まれた美味しいキムチとプルコギだけだった。

ライバル韓国との一戦。ラモスさんがボランチのポジションに入った。中盤の右サイドにキーちゃんが入り、左サイドには吉田光範さん。ラモスさんが中盤の底でどっしりと構え、両サイドが動きまくる。韓国側のマークの混乱もあり、日本ペースで試合が進んだ。待望のゴールが生まれたのは後半14分、左サイドでキーちゃんが相手のボールをカットし、素早くラモスさんへパス。そのラモスさんからパスを受けた吉田さんが、ダイレクトで左サイド奥から中央へ折り返した。これをカズさんが一度は空振《からぶ》りするが、健太さんに当たってこぼれたところを押し込んで貴重な先制点が生まれた。

僕はスタンドで絶叫《ぜっきょう》した。うれしくてうれしくて仕方がなかった。と同時に、中盤の底でヘトヘトになりながらも動き回るキーちゃん、吉田さん、そしてラモスさんのプレーに胸が熱くなった。残りの時間帯、韓国はそれこそ死力を尽くして、ゴールを奪いにきた。幾度となく決定的なピンチに見舞われたが、シゲさん（松永成立）がゴールを死守。最後は見ているのが辛くなるほど、みんな全力を出し切っていた。試合終了の笛を待つ時間がこれほど長く感じたことはなかった。そして、ようやく笛が鳴った。僕はただひたすらチームメートに感謝していた。

イラク戦の記憶

1993年10月28日。試合の日付だけはしっかりと覚えている。

ドーハの悲劇と呼ばれることになるイラク戦。

しかし、僕は試合のことをほとんど覚えていない。いや、もっと言うならば、その日、どのように起きて、どんなふうに午前中を過ごし、何時頃、ホテルからバスに乗ってスタジアムに向かい、ロッカールームでどのように過ごし、いったいどんなふうにしてピッチに入り、どんな気持ちで君が代を聴き、どんなふうにキックオフの時間を迎えたのか、まるで思い出せないのだ。

思い起こせることと言えば、イラクにボールを回されていたことと、ロスタイムに入って、もう体が言うことを利かないということ。

そして、試合終了の笛が鳴りピッチにへたり込み、自然と涙がこみ上げてきたこと。ラ

MF 森保は中盤にいて闘争心を燃やして相手の攻めを封じ込める役目を果たした。

ドーハのイラク戦先発メンバー。「ドーハの悲劇」といわれた総力戦だったが激戦の末に敗れた。森保は泣いて泣いて泣いた。

モスさんに「お前いつまで泣いてるんだ」、「まだお前には次があるんだから」と言われたこと。そう言われても、溢れてくるものをこらえることができなかったことぐらいである。

僕はあの試合をその後、一度も観ていない。なぜか、あのイラク戦だけはふり返ろうとは思わない。プロのサッカー選手として、自分の出場した試合は自分のプレーの良いところ、悪いところをチェックするためにビデオを必ず観るのだが、あの試合だけは今でも観ようとは思わない。

試合が終わってからも、どういうふうにして、どんな感じでホテルまで戻ってきたのか、全く記憶にない。試合後のロッカールームのこととか、報道陣に取材を受けたのかどうか、ホテルに向かうバスの中のことなど、何もかも記憶がほとんど飛んでしまっているのだ。

ホテルに戻って、ラモスさん、哲さんにいろいろなことを言われた。「ここでしょげ返ってるんじゃダメだ、Jリーグで頑張るしかない」。その言葉を聞くと、涙が自然とぽろぽろとこぼれてきて、どうしようもなくなった。

その夜はみんなで集まった。

しばらくして僕は自分の部屋に戻った。そして、そこでまた泣いた。

ワールドカップは夢だった。夢に賭けていた。何度も何度も合宿をして、家族といるより哲さんといるほうが長くて、本当に夢に手が届くところまできていて、つかみかけていて、つかんだと思ったら失ってしまった。あの時のことを思い起こすと今でも熱いものがこみ上げてくる。

広島に帰ってもしばらくの間、僕は体に力が入らなかった。練習に参加しても体が動かない。不甲斐ないプレーしかできない。おそらく、チームメートはそんな僕を情《なさ》けなく思ったことだろう。それくらい、ひどい状態だった。でも、みんなが温かく見守ってくれた。具体的には言えないけれど、チームメートの思いやりを感じながら、少しずつ少しずつ僕は立ち直っていった。すべてチームメートのおかげだと思っている。

【柱谷哲二　森保一を語る】
「だから、すぐにラモスさんも吉田さんも彼の存在を認めましたよね」

森保とは代表の間、ずっと同部屋でした。最初に会った時のことは、よく覚えています。

「森保と言います。お願いします」と、すごくきちんと挨拶したのが印象的でした。「吸収してやろう」という気持ちがすごくある選手だなと感じました。人間的にもちゃんとした奴だなということを感じましたね。

ポジションが近いということもあって、コミュニケーションとかコンビという部分が大切だからという理由で、オフト監督が僕と森保を同部屋にしたのでしょう。

森保はとても静かな選手で、年齢の割には落ち着いていました。「自分の仕事はこれだ」とわかってる人間はこんなに違うものなのかなと思いました。

森保の代表デビューとなったキリンカップ１９９２のアルゼンチン戦の前日は、本当に緊張していて、「１日くらい寝なくても大丈夫だよ」というようなことを確か彼に言ったはずです。僕も経験があるのでわかるのですが、代表でデビューして間もない頃は緊張していて、気も立っている。それで、寝なきゃ寝なきゃと思えば思うほど眠れなくなったりするものなのです。ですが栄養と同じで、１日気をつけても体調が改善されるわけではない。僕の考えでは、日頃どれだけ準備するかということが、すごく大切なんです。試験１日前に一夜漬《いちやづ》けで勉強しても、確かにいい点数が取れる場合もあるかもしれませんが、継続はしません。サッカーというスポーツはそんなに甘いものではないんです。

森保が初めて日本代表に招集された時は、「森保って誰？」という感じでした。もちろん彼にも広島の仲間である前川和也や高木がいましたけれど、相当に緊張していたのではないでしょうか。しかも、同部屋が僕だったしね。彼からそういう緊張感は伝わってきましたし、だから僕自身も経験を踏まえて、前述の言葉が出たのではないかと思います。

オフト・ジャパンでは、吉田さんがいて、森保がいて、その後ろに僕がいるといった布陣《ふじん》でしたが、彼はものすごく忠実なプレーをしていました。とにかく黒子に徹するプレーをするんです。特に《球を拾う》ということに関しては素晴らしかった。だから、すぐにラモスさんも吉田さんも彼の存在を認めたのでしょう。「彼がいるからオレが攻められる」と。あれだけボールを拾ってくれて、余計なことをしないですぐにパスを出す。そういうシンプルなプレーは、ボランチにとって本当に大切です。あの時は特に1ボランチでしたから、森保が色気を出して上がっていくようでは苦しくなる。彼は独りよがりなプレーを一切しませんでしたし、自分かやるべき仕事を整理してゲームに入っていたと思います。

彼とはもう「嫌だ」というくらい同部屋でした。最初の頃は、「いろいろなことを教えて下さい」だとか、「アドバイスを下さい」と言ってきました。その時に僕が彼に、「オレはきっといろんなことを言うだろうけれど、自分なりに整理して余分なものは省《はぶ》きなさい」と言ったんですね。僕の言っていることがベストではない。僕と彼とでは背の高さも、足の速さも違う。また、反応の早さも性格も違う。何から何まで全部違うわけです。だから、「オレが言っていることに対して、自分で『これはモノになる』ということに関してだけは吸収していってもらいたい。それ以外は省いて、もしくは引き出しにしまっておいてくれ」ということを言ったのを覚えています。

ドーハでの戦いは僕らにとって大事な日々です。もちろん、イラク戦の日も森保と一緒でした。僕自身は割と立ち直りが早かったほうだと思いますが、森保はかなり引きずっていたように感じました。

僕自身は泣き疲れてしまうくらいグラウンドでさんざん泣きましたから、逆に周りを見る余裕ができたんです。けれども、彼は部屋に戻ってからも、ベッドに倒れ込んで、また泣き始めた。それで、ずっとずっと泣いていたのに、すっと立ち上がると、いきなりベランダのほうに歩いて行ったんです。ベランダから落ちるのではと思ったほどです。ずっと泣いてた人間がいきなり歩き出したんですからね。だから僕は、「森保！　森保！」と2回ぐらい大声で怒鳴《どな》りました。そうしたら彼は「はあ？」と空返事したので、「大丈夫か？」と聞いたら、「暑くて」とつぶやいたんです。部屋はクーラーが利いていましたし、外のほうが暑かったはずなのに……。あの時は本当に呆然としていたんだと思います。僕が声をかけなかったらベランダから落ちていたかもしれない。

でも、それは全員に言えることでした。彼だけではない。みんな、ワールドカップ出場に賭けていましたし、いろいろなものを犠牲にして取り組んでいましたからね。ましてや最初で最後のチャンスかもしれないという想いがあったんでしょう。彼は自己評価を正しくできる選手だと思います。だから今後も自分が代表に選ばれるのかわからないという気持ちもあったのでしょう。あの時のメンバーの中には、若手は別にして、「次がある」なんて思っていた選手は一人もいなかった。僕自身もそうでしたし、彼も同じことを考えていたのではないでしょうか。

その後、またお互いのクラブに戻って、何度も何度も対戦しました。僕のほうが先に引退したので、それからはグラウンドの外から彼のプレーを見るようになりました。彼の基本的なプレースタイルや、選手としてのポリシーは全く変わらなかったですね。

でも、ここ数シーズンは、ずいぶんレフェリーに文句を言うようになりました。以前は、あまり文句を言わない選手でしたが、ベテランの域に達して、リーダーの自覚というか、「チームを少しでも有利にしたい」という気持ちが感じられるようになりましたた。キャプテンマークをつけて、チームを引っ張っていくという自覚が芽生えたのでしょう。そういうものが、ここ数シーズンの彼から感じることができました。やっと僕の苦労をわかってくれたのではないでしょうか。

【北澤豪　森保一を語る】
「最後まで相手を気遣うことができる男です」

森保とは同い年なんです。同級生ゆえの共通の感覚みたいなものが、お互いにあったと思います。僕にとっては良き仲間であるとともに、良きライバルでもありました。オフト監督時代に日本代表に選ばれた時は、「森保って誰？」というのが、あの時のみんなの印象でした。そういう状況の中、彼は毅然《きぜん》とした態度で、常に自分の置かれている状況をしっかりと把握《はあく》していました。

人間的にいろいろなものを受け入れる力があったからこそ、これだけの選手になったんだと思います。森保の性格的なものが、プレー面でもよく発揮されていたのではないでしょうか。

1994年アメリカ・ワールドカップ最終予選の時、森保が北朝鮮戦でイエローカードをもらい、次の韓国戦に出られなくなってしまいました。おそらく僕を試合に慣れさせる意味もあって、オフト監督は僕を北朝鮮戦の試合終了間際に出場させたんです。そして、韓国戦では僕が出場して、最後のイラク戦には森保が先発出場を果たしました。イラク戦、僕は後半に途中出場したのですが、ああいう結果に終わってしまった。

すると試合後、ホテルに戻ってから、森保が僕に向かって、「キーちゃんが最初から出ていればよかった」と言ってくれたんです。その言葉を聞いて僕らはまた泣いてしまいました。

僕は彼の性格をよく知ってはいたけれど、苦しい状況の中でも、最後まで相手を気遣うことができる男なんだと、再認識させられた。それが森保一という男なのです。

第六章　充実——サンフレッチェ広島

プロフェッショナルな選手が集《つど》った広島

ドーハから広島に帰ってきた。

自宅に戻ると、妻が「お疲れさま。残念だったわね」とひと言だけ声をかけてくれた。いつもの遠征の時となんら変わりはなかった。逆にそれでほっとした。

再び、Ｊリーグを戦う日々が始まった。

あのイラク戦からわずか１週間後に、Ｊリーグは再開した。僕は残りの９試合すべてにフル出場を果たした。第２ステージは９勝９敗。第１ステージより順位を１つ上げて５位に終わった。

前章で述べたとおり、僕自身の出来はよくなかった。体に力が入らず、イージーなミスも多かった。ずいぶん、チームに迷惑をかけたはずだ。しかし、常にチームメートのサポートを受け、どうにかプレーしていたといった状態だった。

この年、広島は天皇杯でも順調に勝ち進んだ。第１ステージよりも第２ステージ、第２ステージよりも天皇杯といった具合に、チームの目指すサッカーは少しずつ結果になって表《あらわ》れてきつつあった。ようやくスチュワート・バクスター監督の理想とするサッカーが表現できるようになってきていた。前線と最終ラインの間隔《かんかく》をコンパクトに保《たも》ち、ダイレクトの速いパスワークで相手のディフェンスを崩《くず》していく、シンプルなサッカーである。僕自身、ドーハでの戦いを引きずっていた部分もあったが、バクスター監督の目指すサッカーが形になり始めると、サッカーをやる楽しさが甦《よみがえ》り、ようやく吹っ切れた気持ちになりつつあった。

さかのぼること1年ほど前、Jリーグ開幕に先駆けて開催された1992年のナビスコカップにおいて、サンフレッチェ広島はさんざんの成績に終わった。ダイナスティカップとアジアカップの間に予選リーグは開催されたのだが、9試合を戦い3勝6敗。10チーム中9番目だった。この年から指揮を執っていたバクスター監督が目指すサッカーを、ピッチ上で表現できずにもがいていた。

バクスター監督は、練習のバリエーションが豊富で、練習していても楽しかった。彼がやろうとしていることをくり返し練習しているうちに、チームメート全員が共通の理解の下でプレーできるようになってきた。ナビスコカップで思ったような成績が残せなくとも、バクスター監督は焦《あせ》ることなく、3年計画でチーム改革に取り組んでいた。

試合を重ねるたびに、彼が思い描くサッカーをどんどんピッチ上で展開できるようになってきた。みんなが自分の役割をしっかりと把握して、チームのビジョンが明確になったのである。僕自身、天皇杯を戦っているうちに、「これだな、やることは」という手応えをつかんでいた。

１９９４年はチームが完成したシーズンだった。練習でも試合でも同じようなパフォーマンスで戦えるようになり、３年計画の予定どおり、３年目にして、広島は第1ステージ優勝という結果を残した。

バクスター監督にとっては目論見《もくろみ》どおりの成果だっただろう。

僕は中盤でしっかりと動き回り、相手にプレッシャーを与え続けた。プレッシャーをかけることによって、ボールを奪い素早く攻撃につなげる。ボールを預ける先には、日本代表ではラモス瑠偉さんがいたが、チームに戻っても風間八宏さんという頼れる司令塔がいてくれた。まず、僕がボールを奪い、風間さんにボールを預ける。これが広島の攻撃に関する決めごとの一つだった。

バクスター監督が徹底した職人気質のプロの指導者ならば、１９８９年にドイツのプロリーグから帰国して、マツダに入団した風間さんは、ピッチの中でそのプロ魂を発揮していた。

とにかく、風間さんはすべてにおいて上回っていた。強烈な《強さ》を感じさせるサッカー選手だった。どんなことがあっても全く動揺しない。そのタフな精神力こそ、僕に最も欠《か》けているものだった。当時は、プレーのテクニックばかりが重要視されがちだったが、技術の高さ同様、判断の速さの重要性を僕らに実戦で教えてくれた。ピッチの中で起こっているさまざまな状況に対して、素早く的確なプレーで応えてくれるのだ。

風間さんは練習中から、とても厳しかった。決定的なシュートを外すと、「お前帰れ！」と平気で言われた。GKに対しても、シュートをこぼしたりすると、「お前そんなのも取れないのかよ」とボロクソに言う。練習中からこんな調子だったから、僕自身、いつの間にかプレーに対して厳しさを持つようになった。より質の高いプレーを求めるようになったのだ。

風間さんは練習といえども、一切の妥協《だきょう》を許さない人だった。そして、ダメなものはダメだとはっきり言う強さを持っていた。僕自身もよくボロクソに言われた。でも、そういう風間さんのプロフェッショナルな姿勢に強く心を打たれた。

僕は風間さんを乗り越えようと常に思っていた。練習中は削《けず》るくらいの勢いで風間さんという大きな山にぶち当たっていった。それを風間さんは当然のように受け止めてくれた。慣れ合いにならない関係だったからこそ、風間さんは僕を副キャプテンに任命してくれたのではないかと思う。

イワン・ハシェックしかり、パヴェル・チェルニーしかり、盧延潤《のじゅんゆん》しかり。あの時の広島には、プロフェッショナルと呼べる男たちが集まっていた。

1994年、第1ステージ優勝

1994年シーズンは、最初からすべてが好調だったわけではない。試合を重ねるごとに、「これはいける」という手応えをつかみ、徐々にチームは成長していった。第6節を終わって6連勝。気がつけば、首位に立っていた。

中盤をコンパクトに保ち、その中でボールをよく回し、よく人も動いた。みんなが自分の役割をきっちりと果たし、プレーの目的が明確になっていた。周囲は、「どうせ広島は最初だけだろう」と見ていたようだが、自分たちの中では、「これならいける」という感触があった。確信じゃないが、かすかな手応え、ちょっとした自信である。

前列右から２人目、森保 一。

サンフレッチェ広島の漢《おとこ》たち

あの時の前線には高木琢也さんがいて、ハシェックがいて、チェルニーと盧廷潤がいて、そして島卓視さんがいた。当時は誰が出ても同じレベルのサッカーが保てていたし、ボールを支配できていた。それが新鮮であり、サッカーをすること自体がすごく楽しかった。

セットプレーに関しても、バクスター監督がいろいろなトリックプレーを考えてくれた。それがズバリ当たり、ゴールにつながることも多かった。あらゆる面でサッカーの面白さに目覚めた時期でもあった。

一度は首位を明け渡したが、第10節から5連勝を上げて、再びトップに並んだ。

この第1ステージで最も印象に残っているのが、第17節のヴェルディ川崎（現東京ヴェルディ1969）戦である。過去、マツダ時代を含め、ヴェルディ川崎にはほとんど勝ったことがなかった。苦手《にがて》意識を持っていたのだ。事実、第7節で対戦した時もホームで0―5と大敗を喫していた。

ところが、シーズン途中に加入したハシェックは苦手意識とは無関係。抜群の得点感覚を発揮して、ハットトリックを達成してしまった。自分と相手の距離をうまく計《はか》りながらスペースを作り出し、ゴールまで持っていくテクニックには脱帽した。

この試合の後半5分には、僕もゴールを決めている。相手のクリアボールがこぼれてきたところを、ゴールまで約30メートルの位置から思いっきり振り抜くと、ボールは無回転のまま相手ゴールに突き刺さった。ちょうどDFがブラインドとなり、GKの視界を遮《さえぎ》ったのもラッキーだった。一直線にゴールへと飛んでいくボールの弾道は今でも思い出すことができる。それくらい、会心の一撃だった。

優勝がかかった大一番。第21節のジュビロ磐田《いわた》戦も思い出深い。

アウェーで行われたこの試合、先制される苦しい展開ながらも、前半38分に高木さんのヘディングシュートで僕らは追いつく。その後、追加点が奪えず、延長戦突入かと思われた後半のロスタイム。ゴリさん（森山佳郎）のクロスボールがこぼれたところにチェルニーが走り込み、冷静に右足で決めて勝利。劇的な優勝を遂《と》げた。うれしい初優勝。僕らは、はしゃぎすぎて、ガラス製のチャンピオンカップを割ってしまったことも今となってはいい思い出である。

ステージ優勝はチーム全員が共通の意識を持ち、みんなで一つの目標に向かって突き進んだ結果だった。いや、むしろ理想とするサッカーを目指しながら一試合一試合戦っていたら、その先に優勝が待っていた、とも言えるかもしれない。

メンタルトレーニングを積極的に採り入れるなど、勝つために、より良いチームになるために、ありとあらゆることに貪欲《どんよく》に取り組んだ。バクスターは、選手のメンタル面をコントロールする術《すべ》に長けた監督だった。

ピッチ上では厳格《げんかく》な指揮官だった。しかし、いったん、ピッチを離れると気さくな紳士だった。当時、練習場の近くにあった喫茶店で選手たちはよく食事を摂っていたのだが、選手たちがいったいどんなものを食べているのか、気になったようで、頻繁にバクスター監督もその喫茶店に顔を出すようになった。結局、バクスター監督はこのシーズン限りで広島を去ることになるのだが、喫茶店の店主や常連客の提案でバクスターの送別会が盛大に行われた。

完敗に終わったチャンピオンシップ

1994年のチャンピオンシップ第1戦は広島ビッグアーチで行われた。対戦相手はV川崎。4万人を超える大観衆が僕らを後押ししてくれた。バクスター監督はチェルニーを外してトーレを起用。ホームの利を活かして攻撃に出るのではなく、まず守備を固めた。

――GK河野和正《かわのかずまさ》、DFトーレ、柳本啓成《ひろしげ》、森山佳郎、路木龍次《みちきりゅうじ》、MF森保一、風間八

宏、上村健一、ＦＷイワン・ハシェック、盧延潤、高木琢也――上村をビスマルクのマンマークに付けて、相手の攻撃を封じる作戦だった。しかし、一瞬、守備陣にできたギャップを相手は見逃さなかった。ラモスさんが起点となり、右サイドを駆け抜けるキーちゃん（北澤豪）に絶妙のスルーパスを出し、これをキーちゃんが鮮やかに決めてみせた。

バクスターが考え抜いて描いた《絵》は、結果的に実《み》を結ばなかった。「策士《さくし》、策に溺《おぼ》れる」と揶揄《やゆ》する報道もあった。ラモスさんとキーちゃんにやられたと僕は思った。

第２戦の舞台は国立霞ヶ丘競技場。広島としては点を取りにいって勝たなければならない試合だった。高木さんとハシェックの２トップに、中盤は風間さんが中央に入り、左サイドにチェルニー、右サイドに盧延潤、そして、いつものように中盤の底には僕が入った。これが第１ステージを勝ち抜いたベスト布陣《ふじん》。キックオフ直後から広島ペース。何度もチャンスを作った。

しかし、ヴェルディ川崎も試合巧者《こうしゃ》ぶりを発揮《はっき》。右サイドで効果的な動きを見せていた盧延潤に対して、カピトンをマークにつけて動きを封じる作戦に出てきた。これで右サイドからのチャンスメイクは減り、いつの間にかＶ川崎のペースに流れは変わっていた。

後半14分に高木さんが負傷退場し、ますます僕らは攻め手を欠いた。

1994年
J1 清水エスパルス×サンフレッチェ広島

そして、またしてもラモスさんに試合を決められてしまう。後半35分、ビスマルクのドリブル突破がDFに当たり跳ね返ったところに、ちょうどラモスさんがいた。まるで、練習でもするかのような軽やかなキックが、高い弧《こ》を描いてゴールに吸い込まれていった。僕はそのボールの軌道《きどう》を目で追うしかなかった。再びラモスさんにやられた。

日本代表でさんざんラモスさんのすごさを目の当たりにしてきたが、満身創痍《まんしんそうい》の体であれだけの決定的な仕事をするプロ意識の高さに、悔しい気持ちと同時に感動してしまった。

今回もまた国立で敗れた。入社して1年目のシーズン、まだ僕がトップチームで出場機会に恵まれていない1988年に、マツダは天皇杯決勝で読売クラブ（現東京ヴェルディ1969）と対戦した。この時も0―2で完敗し、このチャンピオンシップでも勝つことができなかった。その後も1995年、1996年の天皇杯決勝で僕らは準優勝に終わり、国立での勝利にはつくづく縁がなかった。

大ケガとの苦闘、そしてヤンセンとトムソンとの日々

1995年、僕は大きなケガをした。ちょうど梅雨《つゆ》の終わり頃、根腐《ねぐさ》れしている芝に足

をとられたのだ。練習の時、きゅっと止まった瞬間、足首が外れたような感じになった。足首が90度外を向いていたのである。それを目にした瞬間、「これはもう無理だ」と思った。右足首関節脱臼《だっきゅう》骨折。真っ青になった。すぐさま、その日のうちに手術を受けた。濡《ぬ》れた芝にうずくまった時の、あの芝の匂いは今でも忘れられない。湿気が多く、暑くて蒸《む》れた芝の感触は今でも頬のあたりが覚えているような気がする。

幸いにも神経は切れていなかった。しかし、足首は全く動かなくなり、激痛が走る。この痛みが本当に引くのかどうか毎日、不安だった。

ちょうどこの足首を骨折する前には、スポーツヘルニアにも悩まされていた。朝、起きるのも辛いほど、深刻な痛みを抱えていた。ちょうどシーズン中で検査する暇がなくて、だましだましプレーしているような状態だった。そんな矢先の骨折だった。

それを機に、股関節《こかんせつ》も診断してもらった。「間違いなくスポーツヘルニアです。手術したほうがいいレベルですね」ときっぱりと言われて、翌日、手術に踏み切った。手術の連チャンである。

足首を骨折してギプスをした患者が今度はヘルニアの手術を受ける。今から考えるとコントのようだが、当時の僕は果たして再びプレーできるようになるのだろうかと、暗い気持ちで手術台に横たわっていた。

それからというもの、雨を見るのが嫌になった。

完全なトラウマになっていた。

1カ月ほどの入院。退院後、プールでの水中歩行、負荷《ふか》の軽いルームランナーでの歩行、地上での歩行、ゆっくりしたジョギング、軽いアップ走……少しずつ少しずつ距離と時間を延ばしながら、足首と相談しながら、リハビリを行っていった。

7月の初めに骨折し、再びピッチに戻って来られたのは、11月15日の鹿島アントラーズ戦だった。しかし、正直なところ、プレーするのが怖かった。平然とした顔の裏にはびびりまくっている自分がいた。

このシーズンはまさにケガと戦った1年だった。

翌1996年は、チームの成績が急降下してしまった。大変な時期だった。ビム・ヤンセン監督になって2年目。その前の年、天皇杯の決勝まで駒を進めていたため、みんなは自信を持っていた。バクスター監督の戦術は、幾つもの約束ごとを積み重ねた組織的なサッカーだったが、ヤンセン監督の戦術は対照的で、状況によって、個々の判断に応じて最善のプレーを要求するものだった。

サンフレッチェ広島の、文字通りの功労者として黄金期を支え続けた。

ヤンセン監督は、一対一になったら勝負しろというタイプの指揮官だったのだ。チームがもうワンランク、レベルアップしようとしていた時期だった。ところが、みんながバクスター監督のサッカーを引きずっていたため、すべてが中途半端《ちゅうとはんぱ》なプレーになり、チームの状態も悪化の一途《いっと》をたどり、成績も次第に落ちていった。

バクスターとは全く考え方の違うヤンセン監督だったが、言っていることは決して間違いではなかった。

しかし、彼の考え方にチームの実力がついていけなかったのである。

彼は広島を辞めてから、スコットランドリーグのセルティックを優勝させている。ハンス・オフト監督には、「お前たちができなかっただけ。ヤンセンは優勝したぞ」とハッパをかけられた。

僕自身はヤンセン監督からさまざまなことを学ばせてもらった。チーム事情から、中盤の前めのポジションで起用されたり、リベロを経験したりもした。サッカー的にはストレスの溜まった1年だったが、いろいろ経験できて良かったと思っている。

この年、僕にとっても大きな節目《ふしめ》があった。

最後の日本代表戦である。

１９９６年2月19日、カールスバーグカップのポーランド戦だった。前年の足首の骨折から復帰したばかりで、満足なプレーができなかった。その時も小雨が降っていた。ポイント式のスパイクを履くのが嫌で、気持ちがひたすらネガティブになっていた。試合開始から10分くらいで強烈なタックルを見舞われ、足首をまたひねってしまった。その時、「もう代表はダメだ」と、ピッチの上に寝ころびながら、うっすらと思ったものである。今でこそ、雨の日でも気が滅入《めい》るようなことはなくなったが、骨折してから数年間は、雨の日が来るたびに足首が外れそうな気がして試合をするのが怖かった。

ヤンセンが去り、後任にエディ・トムソンがやってきたのは１９９７年シーズンである。この年は、個人的に初めて挫折《ざせつ》を味わったシーズンだった。ケガはほぼ完治し、コンディションも悪くないにもかかわらず、試合に出られなかったのである。

確かに、シーズン前のキャンプでケガをして出遅れた。開幕戦ではキャプテンとして起用されたものの、この開幕戦では途中交替を命ぜられ、その時、「ダメかな」と思った。自分のプレーが評価されていないように感じた。

僕はずっとエリートではないと思っていた。

常に雑草魂を胸に抱きながら、泥まみれになって、這《は》いつくばってプレーしてきたつもりだった。

しかし、いつの間にか、うまくやろう、綺麗なプレーを見せようと無意識のうちに思っていたのかもしれない。レギュラーポジションに安住していたせいもあるだろう。とにかく一気に自信を失っていった。

練習に集中できない、周りの選手ばかりが気になる、全然リズムに乗れない。5メートルくらいのパスさえもミスする。完全に自信をなくしてしまった。ひどい状態だった。ひょっとしたら、そのまま終わりかねない状態だった。そんな時、アドバイスしてくれる人がいた。

盧延潤の後援会会長を務めていた焼き肉屋の店主の故・白漢英《ぺくはにょん》さんに「何を脅えているんだ？　誰のためにプレーしてるんだ？　なに、人の顔色見ながらプレーしているんだ？」ときっぱりと指摘されてしまったのである。

はっとした。白漢英さんの言葉がずっしりと心に響いた。とにかくもう一度、自分のやれることにベストを尽くそうと心を切り替えた。そこからまた大きく自分自身が変わっていったような気がする。

いや、大きく変わらなければならない時期に差し掛かっていた。

「風間八宏　森保一を語る」
「ポイチは僕のプレーを見て『盗んでいる』選手だった」

最初の印象は、マツダ時代、ポイチのデビュー戦の前日のことでした。マッサージを終えたポイチが僕のところにやってきて、「試合で緊張しないようにするには、どうしたらいいんですか？」と聞いてきたのを覚えています。チームメートに、「風間さんは心臓に毛が生《は》えているほどの強心臓なのでアドバイスしてもらえ」と言われたようです。

彼には、「緊張しているということは、試合に出場できる準備がすでにできているということじゃないか」と伝えると、翌日の試合でいきなり2得点したんです（笑）。「聞いて吸収できる人」という印象で、それが彼の特徴でもあった。同じプロでも、怒られたり、指摘されたりと、いつまでも受身の選手がいますが、彼はそうじゃなかった。広島時代には小島光顕や上野展裕《のぶひろ》らとポジション争いをしていたが、決して技術では彼らより上回っていたわけではない。

ポイチは僕のプレーなどを見て、「盗んでいる」選手だった。彼には、たびたび質問されたことがありましたが、「こうしろ」とアドバイスしたことは一度もなかったですね。常に僕のプレーを注意深く観察して、そこから感じたものを自分のプレーの中に取り入れていたのではないでしょうか。

僕がドイツでプレーしていた時にも感じたことですが、いい選手になる素質というのは、いいプレーを盗む（吸収力）と、正しい判断を下せる《選択力》を持っている人でした。彼はその能力が相当優《すぐ》れていたのだと思います。

よく表現される（身体能力）という言葉は、テクニックやフィジカルの強さだけを指す言葉ではないと思います。プレーするために必要な《頭脳》や《目》も身体能力の一部だと僕は思うのです。現にポイチは決して足の速い選手ではなかったけれど、相手選手にスピードで振り切られたことは全くなかったですから。

また、彼の性格で評価したいのは、本当に素直なところ。彼は、まず相手を受け入れて付き合える男なんです。ポイチは他人がなかなか感じられない感覚を持っている。プレーに関していえば、セカンドボールへの反応の速さであり、ポジショニングの良さだったりする。彼特有の予知能力がありました。

今後も常に先を見ながら、そして先に見えるものがあったら迷わず実行に移してほしいと思います。もし、僕が力になれることがあれば、ぜひ応援したい男です。そして、将来一緒に新しいチャレンジができたら幸せだなと思います。

これまでは、勝つために自分を犠牲にしてきた部分もあったかもしれませんが、これからは自分自身を前面に押し出してサッカー界のために貢献してもらいたい。何に向いているかを考えながら、そこに当てはめていく必要はない。ポイチはもうポイチなんだから。自分の感性を思う存分、表現してほしい。

[ビム・ヤンセン　森保一を語る]
「自分に何が必要で、何が不必要かを見極める力が大切です」

私が広島に来た1995年、すでにオフトから広島とはどんなチームか、どんな選手がいるのかを聞いていました。森保の話も聞いていたので彼の存在はすでにインプットされていました。実際に練習を見て、サッカーにオフェンスとディフェンスという仕事があるとしたら、その2つのバランスをうまくつなぐことができる選手だなと思いました。私は森保のようなタイプの選手が好きなんです。

残念ながら私が指揮を執《と》り始めた1年目に、彼は足首の骨折という大ケガを負《お》ってしまった。それでも彼自身のメンタル面の強さで、こちらから何かをしなくても、彼自身の力で戻ってくることができました。森保とはそういう選手なのです。彼が治ったという時点ですぐに起用することができるくらい、人間的にもしっかりした選手だったと思います。

森保がケガをしている時でも、私は信頼していました。チームの中には、何かが起きた時に、何かをやらなければいけない時に起点になれる選手、要するに核になる選手が必要なのです。

彼はそういう選手だったし、こちらの要望を選手たちに伝える前に、彼に話をしておけば、必ずそれを実践してくれる選手だったと思います。彼自身が常にサッカーに夢中な人間でしたから、大事なことを話しやすかったですね。

それまでは風間がいたのですが、年齢的にキャリアの終盤でしたし、世代交代の時期に差しかかっていたので、私は森保を起点として、彼を中心にすることで物事を進めていくほうがやりやすかった。

キャリアが長くなってくるとテクニックがあるかどうかではなく、常にサッカーのことを考えて、自分に何が必要で、何が不必要かを見極《みきわ》める力が大切です。

彼は常にそういう考えを持ってサッカーに取り組んでこれたから、ここまでやってこれたのでしょう。

第七章　再挑戦
——京都パープルサンガ

新天地、京都パープルサンガへ

広島から出ることはないと思っていた。

たいした根拠はなかったけれど、なぜかそんな自信めいたものがあった。僕はこの広島の街に育ててもらった。ここで結婚し、家族も持った。サッカーと関わっていく限り、おそらくこれからもずっと広島で生きていくのだろうと漠然と思っていた。そして、何よりも広島が大好きだった。

ところが、1997年の秋、僕の周りの状況に変化が生じる。

ハンス・オフトが京都パープルサンガの監督に就任することになったのである。そして、オフトに「森保をチーム作りの軸として考えている」と言われた。

悩んだ。ずっと広島で現役生活を続け、サンフレッチェ広島でユニフォームを脱ぐつもりでいた。移籍などはいつも他人事のように思っていた。

気持ちが揺れ動いた。エディ・トムソン監督の自分に対する評価も自分なりにわかっていた。来シーズンは、もしかすると試合に出場する機会が少なくなる可能性もある。

広島に残るか、京都へ行くか。眠れなくなるほど、迷いが生じた。足首の状態もよくなり、コンディションは悪くなく、トムソン監督にもう一度勝負を挑むこともありなのではないかと思った。しかし、広島が自分にとって居心地がいいから、という考えが常に先に立っているのではないかとも思った。

悩んだ末に僕は京都を選んだ。オフトに信頼されているという想いもあった。が、それ以上にプロのサッカー選手として、思い切って広島を飛び出すことにした。

移籍に関してはいろいろと紆余曲折があった。当初は完全移籍ということだったが、1年間のレンタル移籍に変わった。サポーターが立ち上がってくれて、僕を移籍させないように署名活動を行ってくれた結果だった。自分がこれまで広島でやってきたことは間違いではなかったと実感した。そんなサポーターのためにも、と決意を新たにしたのである。

京都での練習初日、全員でのランニングの際、僕は意識的に先頭を切って走った。「中途半端な気持ちでここへ来たんじゃない！」とチームメートに無言の檄を飛ばすためだった。

しかし、15名ほどの新加入選手が一つにまとまって戦い、結果を残すにはあまりにも時間が足りなかった。結局、スタートダッシュに失敗。第12節を終えて3勝9敗。全く結果を出せず、残念ながらオフト監督は京都を去らざるを得なくなった。

後任にはコーチを務めていた清水秀彦さんが就《つ》いた。監督が変われば、システムもメンバー構成も変わってくる。清水さんのサッカーに合った選手が起用されるわけだ。

僕自身も、「試合に出られなくなるかもしれない」という危機感を覚えた。しかし、清水さんに代わってもピッチに立つことができた。指揮官が変わってもチームの主軸としてプレーできたことは自信になった。

第2ステージの最終節は広島ビッグアーチで行われた。

前々節にJ1リーグ残留を決めてほっとしていたため、前節は完敗だった。最終節には勝ち越しがかかっていたし、何よりも古巣との対戦で僕自身、燃えていた。いつも以上に中盤で激しく当たりにいった。昨シーズンまでのチームメートたちと、お互いに激しく競り合った。広島のファンの前で不甲斐ないプレーは見せたくなかった。だからこそ、ファイトした。結果は2―1で延長Vゴール勝ち。広島のサポーターからブーイングを受けるかと思いきや、「モリヤスー、帰ってこいよー」とスタンドのあちこちから声をかけてもらった。それがなによりもうれしかった。

わずか1年の京都だったが、自分が強い信念を持っていればどこでもやれるということが、この年になってわかった。1997年、1998年はそういった葛藤と戦った2年間だった。そういう意味では、サッカー選手としてすごく成長した2年間だった。

トムソン監督にも今となっては感謝している。僕のダメな部分を指摘してくれて、一度、自分を見直すチャンスをくれたわけだ。トムソン監督とのやり取りがあったからこそ、自分は這い上がって来られた。

本当は京都に2年間いるはずだったが、結局1年でまた広島に戻ることになった。妻や子どもたちにとってはちょっと長めの家族旅行のようだったかもしれない。

何はともあれ、どこでもサッカーができるという自信がついた。自信を胸に秘め、広島に戻った。

しかし、むしろ帰るほうが選手としてはリスクがあったと思う。清水さんは僕を認めてくれていたが、トムソン監督の下に戻れば、また1からやり直しである。

それでもやっていける自信がその時の僕にはあった。

何よりも京都という新天地で厳しい1年間を過ごしたからこそ、その先も5年間現役でプレーを続けられたのだと思う。

自分との戦いに勝った広島での再出発

１９９９年、僕は再び広島へ戻ってきた。チームに戻ると、わずか１年の間に若手選手が自信を持ってプレーしているように感じられた。

リーグ戦が始まっても最初の３試合は出られなかった。チームも３連敗。４戦目の浦和レッズ戦から先発出場し、そこから４連勝。これでトムソン監督も僕を代えるに代えられなくなってしまったのだと思う。結局、シーズンを通してずっと出場することができた。

広島に帰った時はトムソン監督への挑戦だと思っていた。自分を認めてもらおうという気持ちがすごく強かった。だから監督が自分を外せなくなった時は、秘《ひそ》かに「勝った」と思った。《挑戦》という気持ちを持って練習から取り組んできた結果だった。

Ｊリーグ通算出場２００試合もこのシーズンに達成した。家族にもお祝いしてもらった。広島では２００試合出場第１号だった。広島では１番最初にその記録に到達したいと思っていたから、２００試合出場が達成できてよかった。しかし、あくまで２００試合出場はキャリアの通過点だと自分に言い聞かせた。

2000年ナビスコ杯　横浜F・マリノス×サンフレッチェ広島

DODEO
7
7

社長が「お祝いしてやる」と言ってくれたので、クラブハウスに冷蔵庫を買ってもらった。それは今でも広島のクラブハウスにあり、ちゃんとみんなの飲み物を冷やしてくれている。

2000年シーズンの最後に、印象に残る出来事があった。

浦和の降格が決まった試合の対戦相手が僕たち広島だったのである。日本リーグ時代に僕は降格を経験しているし、福田正博さんも日本リーグ時代に昇格を経験している。それだけに降格することの意味を、福田さんは一番よくわかっていたはずである。試合が終わって、ピッチ上で福田さんとすれ違った時、僕の前で突然泣き始めた。僕も辛かった。対戦相手というよりも、1994年アメリカ・ワールドカップ予選を一緒に戦った戦友のように思っていたので、福田さんの涙はとても辛かった。どういうふうに声をかけていいのか、わからなかった。あの日、僕たちが試合前に言っていたのは、「全国が注目する試合だから、自分たちの力を示す場になる」ということ。相手が浦和だろうが、どこだろうが関係ない。自分たちのサッカーをして勝とうということだけだった。そういう気持ちで臨んだ一戦だった。降格に関わるような試合は2度とやりたくないとあの時は思ったものだ。

広島での最後のシーズン

２００１年――広島でのラストシーズンとなった。

この頃はサッカーを本当に楽しめるようになっていた。

当時、32歳。まさか、その年齢まで現役でやれるとは思っていなかった。30歳を過ぎてから新しい監督の下でプレーできるのは面白かったし、本当にサッカーというスポーツ自体が楽しくて仕方がなかった。それは、小学校時代の校庭でのサッカーをどこか思わせるほど、スポーツの中に遊びの部分を見出せていたからかもしれない。

ただし、練習は本当にキツくなった。ヴァレリー・ニポムシニ監督は、攻撃的で流動的なサッカーを目指していた。しかし、第１ステージはうまく機能せず、降格争いに加わりそうな気配だった。

この年、Ｊリーグの中断期間中にはＣ級ライセンスの講習を受けにいった。

ところが、そこでケガを負ってしまった。指導者の講習を受けた後だけに現役をやめろということなのかと考えがよぎった。完治してチームに戻っても試合に出られなくなってしまった。ベンチにも入れなくなり、チームは残留争いを戦っていたため、雰囲気もどこか落ち着かない。

ケガが治って最後の5試合くらいでベンチに入れてもらえるようになった。それで盛り返すことができ、ヴァレリー監督の目指すサッカーが形になってきた。90分間フルに貢献できたわけではないけれど、チームとしてはいい形でシーズンを終えることができた。

自分自身は決して納得がいったわけではなかったが……。

前年に3度目の足首の手術をしていた。1989年、1995年、2000年と3回。その間も絶えず捻挫をくり返した。3度目の手術の時、すでに足首のじん帯が溶けてなくなっていた。どうりで捻挫をしても、じん帯が痛まないはずだと思った。

神社に「ケガしませんように」と神頼みに行った翌日にケガしたこともあった。「もう神様は信じない」なんて思ったこともあった。

ポジション的にも若い選手が育ってきていた。世代交代——切り替わる時が自分にもやってきたわけだ。ある意味、ショックだった。

広島からはフロントに入りチームに残ってはどうかという打診も受けた。スカウトにと誘われたのだ。僕は考えさせてくれと言った。体の調子も良かったこともあり、オファーがあれば現役を続行したいと思っていた。

天皇杯でベガルタ仙台と対戦した時、清水さんと会い、少し話をした。「元気か？」という挨拶程度だったが、数日後に清水さんから電話をもらった。「もう一回、一緒にやるか？」と……。

清水さんは僕の気持ちを尊重してくれた。「今までのお前のプライドも含めて、オレはわかっているつもりだ。仙台はJ1リーグに上がったばかりのチームで、まだまだ足りないところがいっぱいあるだろうけれど、一緒にやるか？」と。辞めるか、続けるか、迷っていたけれど、変な計算をしてチームに残るよりは、できるだけ選手としてチャレンジしたほうがいいのではと思った。自分のプレースタイルだって、いつも諦めずに最後までボールを追っていたではないかと自問自答した。悩んだ挙げ句、最終的に楽な道を選ぶのではなく、挑戦するほうが自分らしいと思った。ボロボロになるまでプレーし続けることが自分にとって将来的にもプラスになると思った。気持ちを整理した僕は、仙台に行く決断をした。

将来、指導者になるとしても、ホワイトボード上のことだけではなくて、自分がギリギリまでやってそういう経験を積んでいれば、選手を見る幅がもっと広がるのではないかと思った。だからこそ自分は挑戦するべきだと思った。

その時、清水さんからもはっきりとこう言われたことを覚えている。

「ポイチ、ポジションはないからな、だから競争してもらうよ」

その言葉を聞いて、なおさら、もう一度挑戦しようと思った。

【清水秀彦　森保一を語る】
「みんなに対して『やろうよ』って自然に言える。それがポイチ」

1998年シーズンの京都は大量に補強した寄せ集めの軍団でした。だから、リーダーシップの取れる人間がどうしても必要だったんです。オフトもポイチをよく知っていたし、ポイチもオフトの考えを一番よく理解している選手でした。彼がいれば、他の選手にオフトの考えを伝えられると思いました。

ポイチが務めているポジションはチームの心臓部分なんですが、彼は好不調の波がない。彼は特別うまくはないけれど、忠実に頑張ってくれる。そういう選手がチームには必要だったんです。その後、オフトがシーズン途中で辞めてしまい、僕が後任に就いた。当然、オフトの考えているボランチ像と、僕の考えているボランチ像は違う部分もあった。ポイチにしてみたら、オフトと僕の要求することが違うため、苦労したかもしれません。

僕が要求したのは、ボールを持ったら攻めても構わないということ。ポイチは常に後ろにいて、攻撃陣をサポートするというプレースタイルでした。日本代表の時もラモス瑠偉の後ろで働き、蟻《あり》のように守備を一生懸命にする。それはそれで頼もしいんですが、僕のボランチに対する考えは、「自分でボールを持ったら前に出なさい」ということだったんです。プレーの選択肢を自由に持っていたほうがいいという考え方でした。

僕はオフトが辞めてから、チームのシステムを全部変えてしまいましたが、どうしてもポイチのキャプテンシーは必要でした。最初は寄せ集めの集団だったので、なかなか勝てませんでしたが、ポイチが中心となり、一つのチームとして形になっていくと、第2ステージでは勝ち越すことができました。

誰だっていい時はリーダーシップを取れると思います。やはり問われるのは苦しい時です。問題に直面した時にキャプテンがリーダーシップを取ってくれるかくれないかだと思います。苦しい時にこそ、みんなに対して「やろうよ」って自然に言える。それがポイチなんです。

僕が仙台の監督になってからも、彼のことは気になっていました。J1リーグに昇格して戦力を補強しなければならないということもありましたし、「まだ彼はできる」と思っていましたからね。それなのに、天皇杯の試合で会った時に、「辞めるかもしれない」って言うんです。僕はまだまだ十分に彼はプレーできると思っていましたから、それで声をかけたんです。

仙台に来てもらう時は、ポイチに僕が電話しました。僕の誘いに彼は「やります」と答えてくれた。正直な気持ちでは、まだまだ現役を続けたかったと思うんです。でも、周りの状況を理解しすぎて、きっと彼はチームのために辞めなければいけないのではと考えていたのでしょう。ポイチは本当に真っ直ぐな人間ですからね。だからこそ、僕は多少強引《ごういん》にでも、「まだできるんだから、やれ」って言った。僕とは知らない仲ではなかったですし、「心配するなよ」って声をかけたんです。

ポイチは本当によくやってくれました。きっと、みんなに伝わっていたと思います。仙台の人たちにも、「サッカーとはこうやるんだ」というのを示せたと思います。僕としては彼と一緒にやれて、とても助かりました。J1リーグはそんなに甘くはない。だから厳しさを知っている選手がチームにいなければいけない。そういう厳しさを、チーム、サポーターを含めて、仙台の人たちみんなにわかってほしかったんです。J2リーグで勝てても、その上ではそんなに簡単に勝てるわけないんだということを……。

仙台は2003年の夏にやっとしっかりとしたクラブハウスとグラウンドができました。それまでは、仮設のクラブハウスが建っているところで練習をしていたんです。「将来指導者になりたい」と言っていたポイチに僕が言ったのは、「いろんなものを見ておいたほうがいい」ということでした。広島だけではなく、いろいろなクラブを見たほうがいい。

指導者に関しても、広島で育った人ばかりを見ているのではなく、違った環境で育った人のことも見ていかないと、とアドバイスしました。僕もそうでしたが、チームを出て初めてわかることは、たくさんあるんです。

今度は、監督と選手ではなく、お互い指導者としてまた一緒にやれたらいいなと思っています。

第八章　運命——ベガルタ仙台

ベガルタ仙台への移籍

「なんじゃこりゃ」

　正直なところ、本当にそう思った。

　２００２年１月15日、Ｊ１リーグに昇格したベガルタ仙台の始動日である。泉パークタウンの練習場には１０００人を超えるファンが詰めかけているではないか。前年度の天皇杯で仙台にやってきた時も、「何でこんなに大勢のマスコミが来ているんだ」と思ったものだ。盛り上がりは仙台に来る前からテレビなどである程度わかっていたつもりだった。しかし、これほどまでとは、正直、思ってもいなかった。

　練習初日から、いきなり面食らった気分だった。

　Ｊ１リーグ昇格で、さらに熱狂の度合いが増していた。普通だったら、「応援してます」と言うところを、仙台のサポーターは、「毎試合観に行きますから」と口々に言う。こんな場所は初めてだった。その熱気にあおられるように、フツフツとやる気がみなぎってくるのを感じた。

2002年1月、清水秀彦さんに誘われて、僕は仙台へとやってきた。

「J1リーグ昇格で仙台は浮かれている、でもJ1リーグはそんなに甘くない、だから昇格したばかりで、J1リーグ1年生の仙台の力になってほしい」。そんなふうに言われた。「別にポジションを約束されたわけじゃない。一から競争してもらうよ」、と言われてもいた。それでも清水さんの言葉に新たなやる気が芽生え、仙台への移籍を決意したのだ。

仙台への移籍に際して、気がかりだったのは、「もう転校はしたくない」と口を尖らせていた子どもたちの存在である。だから、単身赴任《ふにん》も覚悟していた。子どもたちも成長するにつれて、自分たちの世界ができてくる。そうそう親の都合で振り回すわけにはいかない。

正式の契約を済ませ、広島に帰った。すると子どもたちが、「僕たちも仙台に行くよ」と言ってくれたのである。うれしかった。涙腺《るいせん》がゆるい僕は、その言葉だけでもう泣きそうになった。思いがけず、子どもたちに勇気づけられた。

2002年シーズン。仙台にとって初めてのJ1リーグである。

J1リーグの厳しさをよく知る清水さんは大幅な選手補強を断行。生き残るために大幅にメンバーを入れ替えた。

僕自身に対するサポーターの期待もひしひしと感じた。その反面、34歳になろうとするベテランに対する風当たりも感じた。本当に大丈夫なのか。そういったニュアンスの取材を受けたこともあった。メンバーを見渡しても、自分より年上の選手はいなかった。だからこそ、自分がやれるところを見せなければ……。そんな思いが強かった。

合宿での調整はうまくいった。ケガさえなければやれる自信はあった。

歓喜の仙台スタジアム

2002年3月3日、仙台がJ1リーグデビューを果たした。

東京ヴェルディ1969との開幕戦の先発メンバーは——GK高橋範夫《のりお》、DF小村徳男《おむらのりお》、リカルド、森勇介《ゆうすけ》、村田達哉《たつや》、MFシルビーニョ、森保一、財前宣之、岩本輝雄《てるお》、FWマルコス、山下芳輝《よしてる》——このうち、僕を含めて4人が新加入選手だった。

真っ黄色に染まった満員の仙台スタジアム。大歓声の中、ピッチへと歩《ほ》を進めていく。

あの入場行進にはしびれた。背筋がぞくぞくした。忘れていた感覚が甦ってきた。

「ここはスタジアムに入る時、まじ鳥肌立つよ」。テル（岩本輝雄）の言っていた言葉を思い出した。本当に素晴らしい瞬間だった。みんながJ1リーグの舞台を楽しみにずっと待ち焦《こ》がれていたことがびしびしと伝わってきた。こんなサポーターとともに、戦えることが最高にうれしかった。

キックオフの笛が鳴った。

立ち上がりこそ相手にペースを握られたが、前線から積極的なプレスをかけ、ボールを奪い取り、素早くシュートに持ち込む。合宿から取り組んできた戦術が思った以上に機能し、自分たちのペースで試合を動かすことができていた。前半30分、テルのFKが決まり、先制。得点はこの1点だけだったが、シュート数20対6という数字が示すとおり、最後までゲームを支配することができた。点差以上の圧勝だった。

「これだけのすごい応援があったら体が勝手に動いちゃいますよ」。試合後のインタビューにも僕は意気揚々《いきようよう》と答えている。12番目の戦力がこんなにも大きな力を発揮するとは……改めてサポーターの力を思い知った。あまりにも張り切りすぎた僕は、相手選手と激しく接触して、後半21分に途中交替してしまったのは余計だったが……。

開幕戦で波に乗った。

2002年ベガルタ仙台がＪ１昇格。森保は広島から移籍して開幕５連勝に貢献したが……。

その後、開幕5連勝。最高のスタートが切れた。結果的に見れば、あの時期の勝ち点がなければ、最初のシーズンもJ1リーグ残留は危なかったかもしれない。

新しいチームは多くの新戦力を補強しただけに、まだまだまとまりに欠ける部分があった。それでも勝っていれば、何ら問題はないのだろう。要は負けがこみ始めた時である。急造チームは勢いで勝てても、いったん負けがこみ始めると、ガタガタと崩れ始める。それも一気に……。案の定、第8節から4連敗。第13節から3連敗を喫し、シーズン序盤戦の貯金を吐き出してしまった。結局、第1ステージは7勝8敗の9位に終わった。

僕自身、ミーティングや食事会を開き、チーム全体でコミュニケーションを取るように努めた。自分と同じポジションの選手や、チームの中でなかなかうまく機能していない選手に対して、できるだけアドバイスしようとした。チームがバラバラにならないよう、絶えず注意を払った。

自分が先頭に立って引っ張っていくというよりも、「みんなでやろうよ」という意識を強く持たせるように心がけた。偶然のめぐり合わせで、こうして1年間、仲間として一緒に仕事をするんだから、やりがいを持って一緒に働けるようにしていこう、と思っていたのである。

ホームゲームには必ず家族で観戦した。

左から次男圭悟くん、長男翔平くん、三男陸くん。父の後を追って３人とも
サッカー少年に。

サンフレッチェ広島でも京都パープルサンガでも常に僕は同じスタンスだった。

それにしても、新天地での新しいシーズンはある意味、恵まれた1年だった。

僕の試合が土曜日で、息子たちの試合が日曜日。土曜日の試合で失ったエネルギーを、日曜日に息子たちのサッカーを観戦することで充電できた。こんなに充実した日々はなかった。

苦悩した2003年シーズン

翌2003年シーズン、開幕戦の相手は昇格してきたばかりの大分トリニータだったが、Jリーグ先輩の意地をチーム全体が見せつけて勝利をつかむ。第2節の横浜F・マリノス相手にも一歩も引かず1—1のドロー。第3節の清水エスパルスに圧勝すると、敵地・神戸に乗り込んでの第4節では29本ものシュートを放ってヴィッセル神戸に快勝し、2年連続の好スタートを切った。

若手の好選手を補強し、選手層にも厚みが出てきた。前年の経験を踏まえ、今年こそというムードがチーム全体に充満していた。

僕自身、手応えがあった。シーズン前の合宿時から好調を持続。清水さんにも、「このチームはジジイが元気いいなあ」などと皮肉めいたジョークを言われた。このシーズンのチーム初ゴールは僕の左足から生まれたものだった。

ところが、誤算が生じる。ケガ人である。チームの軸となるべき選手たちが次々と戦線離脱。キャプテンマークを腕に巻いて、チームを引っ張っていかなければならない僕でさえ、ケガにより、コンディションを崩して戦列を離れた。

第1ステージは2つの引き分けをはさんで9連敗、結局15位という散々な結果に終わってしまったのである。これだけケガ人が出たシーズンは、僕自身の長いサッカー人生の中でも経験したことがない。Ｊ1リーグというステージで戦うには設備、医療体制を含めて、万全でなければならないことを改めて痛感させられた。Ｊリーグが誕生した時からいるクラブですら、少し歯車が狂うと残留争いに加わることがある。

第2ステージが始まっても引き分けまではいくが白星が奪えない。勝ち点3を獲得するまで、なんと9試合も要したのである。

この間、清水さんがチームを去った。チーム内に動揺が走った。ミーティングの場を持ち、できるだけコミュニケーションを取って、チーム内に生じかねない諦めのムードと必死に戦った。

後任のズデンコ・ベルデニック監督には、「こういう状況だから経験のある選手がチームを引っ張っていい影響を与えてくれ」と、直接言われた。

僕には日本リーグ時代、昇格争いに敗れ、涙をのんだ記憶がある。残留を果たせず、涙した福田正博さんのあの顔も忘れられない。だからこそ、絶対に降格はしたくない。誰よりもそんな気持ちを抱いて、第2ステージの最終節に臨んだ。

2003年11月29日、大分との残留を賭けた争いは、僕たちがこの直接対決に勝ちさえすれば、残留が決まるというギリギリの争いとなった。

前半12分、大分に先制点を許す苦しい展開。点を取って勝たなければ、残留はない。しかし、前半30分、僕とテルがベンチに下がった。悔しかった。以前から先制された場合に僕とテルが交代する練習をしていたとはいえ、大事なゲームに代えられてしまったわけだから……。結局、チームの力になれず、サポーターの期待に応えることができなかった。

後半26分、根本裕一の一発で同点に追いついたが、あと1点を決めることができない。1―1のまま、無情の笛が鳴った。ついにJ1リーグ残留という目標を果たせず、仙台の降格が決定してしまった。

試合後、足早にミックスゾーンを通り過ぎたい気持ちを抑えながら、僕は僕なりの役目を果たそうと取材陣の前に立った。本当は大泣きしたい気分だった。「選手もこのシーズンをしっかり反省しなければならないし、クラブとしてもいろいろ考えなければならないと思う」。自分の思ったことを素直に言葉にした。そして、僕たちはその日のうちに、大分を後にした。

大分空港から羽田まで飛行機で移動し、東京駅から新幹線に飛び乗り、仙台に向かった。仙台行きの車中で、クラブの幹部に呼ばれ、来シーズンは戦力外であることを告げられた。

ユニフォームを脱いだ後

現役引退の記者会見が終わり、外に出ると多くのサポーターの方々が待っていてくれた。馴染《なじ》みの顔を含め、多くの人たちが来てくれていた。僕の現役引退を知り、いてもたってもいられず、駆けつけてくれたのだ。いつもいつも、僕をサポートしてくれた人たちの顔が並んでいた。みんなの顔を見ただけで、胸の中が熱くなった。

ゆっくり時間をかけ、一人ひとりと挨拶を交わした。泣くまいと必死だった。

「ポイチ、ありがとう」と言われた。ありがとう、と言いたいのは僕のほうだ。

たくさんの言葉とたくさんの握手を交わして、僕は仙台に別れを告げた。

僕は平凡なプレーヤーだった。

下田規貴先生が、今西和男さん宛に年賀状を出してくれていなかったら、今頃、全く違った人生を歩んでいたに違いない。今西さんが僕を見るために、長崎まで来てくれなければ、違う職業に就いていたことだろう。

ハンス・オフトが日本代表の監督にならなければ、僕が代表のユニフォームを着ることもなかった。悩んで悩んで悩んだ末に、広島を飛び出し、京都へ移籍して、そこで清水さんと出逢い、そして仙台へ行くことになった。

運命などと決して大げさなことを語るつもりは毛頭ないが、それでも、僕は出会った周囲の人に常に助けられ、導かれ、そして、それに応えようと必死になってサッカーに取り組んできたような気がする。それがポイチだったのだろう。

現役引退後の進路については、いろいろと迷った。

すぐに指導者の道に進もうか、あるいは将来のために一度、ゆっくりと外からサッカー

「僕は平凡なプレーヤーだった。恩師たちに出会わなかったらまったく違った人生を歩んでいたに違いない」森保一。

を見ることも大切かと考えた。さまざまな選択肢の中から、広島のサッカーを普及させる一環として、巡回指導やトレセンコーチの仕事に就くことに決めた。

まずは僕がサッカーを始めた小学校時代に戻って、つまり原点に帰って、その年代の子どもたちとサッカーを楽しみたいと今は思っている。子どもたちにいい刺激を与え、サッカーの面白さを一緒に味わい、その中で技術的なことをアドバイスしていければ、と考えている。

今まで僕は本能的にプレーしてきたが、これからは周りにいろいろなことを伝えていかなければならない立場になる。伝えるための言葉と表現力を持たなければならない。そして、将来的にはいい指導者として、またスタジアムに戻ってきたいと思っている。

僕はよくこう言われたものだ。

「ポイチの特徴はテクニックがなくて、足が速くなくて、フィジカルが強くない」と。

体が細く、決してテクニックに長けたほうではない僕には、いろいろなものが足りなかった。足りないものがたくさんあったからこそ、僕はサッカーに対していつも貪欲《どんよく》だったのだと思う。

日本代表選手として戦った35試合、Ｊリーグで戦った２９３試合、日本リーグ、ナビスコカップ、天皇杯、親善試合、練習試合、紅白戦……いったい僕は何試合、戦ってきたのか、自分でも見当がつかない。

しかし、一試合たりとも、100パーセント満足した試合はなかった。どんな好ゲームでも、絶えず足りないものを感じながら、次の試合ではもっといいプレーをしようと臨んできた。たぶん、ポイチとはそんな男だったのだと思う。

指導者としてのポイチもきっとそのままだと思う。足りないことばかりだからこそ、貪欲に学び、取り組んでいくのではないかと思う。

ポイチの名に恥じぬよう。

【小島光顕　森保一を語る】
「もし可能なら、その夢を一緒に実現したいと思っている」

最初の出会いは高校3年生の時、山梨県で行われた秋季国体でした。長崎県立国見高校に他校の2人の選手を加えたメンバーで長崎県は国体に参加しました。その国見高以外の2人のうちの1人が、ポイチでした。実際に話をしたというような記憶はないけれど、プレースタイルは、「テクニシャン」という印象でした。

1993年、僕が富士通から広島にやって来た時、知り合いは国見高の先輩の高木琢也さん、そしてポイチぐらいでした。ポイチとは同じ長崎県出身でしたし、同級生ということもあって、最初から仲良くしてくれて、僕がチームに溶け込むためにいろいろと気遣ってくれました。

初日の練習で彼を見た時、「あれ？　テクニシャンだったのに………プレースタイルを変えたのかな」と驚きました。実は最初からテクニシャンではなかったんですけどね（笑）。

当時、彼はすでに日本代表選手でした。でも、全く威張るようなこともなく、僕の意見も尊重してくれたのです。練習でも常にひたむきで、一生懸命にプレーをしていましたね。

僕は、彼とポジションが重なっていました。プロの選手である以上、試合に出るためにはいろいろなことを考えるのも当然で、ポイチがケガをすれば自分にチャンスがめぐってくると思うことも、正直なところありました。でも、それ以上に、風間八宏さん、ポイチの2人の大きな壁を超えなければ出場のチャンスはないんだと、あの頃は常に自分に言い聞かせていたものです。

一番のライバルにもかかわらず、彼と公私ともに親しくできたのはやはり彼の人柄でしょう。夏には、宇品《うじな》の花火大会があって、ポイチの家でバーベキューパーティーをしながら、子どもたちと一緒に花火を見るのが楽しみの一つでもありました。人づき合いのいいポイチだったから、たくさんの友人たちが来ていましたね。

京都への移籍が決まった時、「またチョメ（愛称）と一緒のチームでやりたいね」と言ってくれたのを記憶しています。広島で育った男だから、広島のことを常に心配していました。そしてポイチが京都から広島に復帰することが決まった頃、今度は僕がアビスパ福岡に移籍することになってしまったのです。結局、その後、一緒にプレーすることはできませんでした。

福岡に移籍する時、「ポイチが引退するまではオレも辞めない」と心に決めていました。僕にとってポイチは常に大きな目標でしたからね。残念ながら僕のほうが1年先に引退することになったんですが、「オレが紹介できるものはすべてする。サポートするよ」と声をかけてくれたのは本当にうれしかった。

ポイチには指導者として、現役時代同様、夢を追い続けてほしい。そしてもし可能なら、その夢を一緒に実現したいと思っています。きっと彼らしい組織重視の、ディシプリン（規律）を重んじる指導者になるような気がします。

［ハンス・オフト　森保一を語る］
「今の段階でも、トップチームのコーチが十分務まると思います」

森保はテクニックもない、スピードもない、フィジカルも強くない。それなのになぜ、日本代表になれて、あれほど活躍できたのか？　私はよくそんな質問を受けます。もちろん、彼自身が日々、努力を怠《おこた》らず、節制した日常生活を送ったということもあるでしょう。それにテクニックがないといっても、私が思うに森保の場合、リフティングを何回できるかといった技術が必要なポジションではないのです。彼自身が持っていたテクニックは、彼のポジションをこなす上では十分に役立つほどのものでした。

今の段階でも、トップチームのコーチが十分務まると思います。彼はそれだけの資質を持っているし、選手を正しい方向に導くだけの豊富な経験もあります。

しかし、彼自身が指導者になるために万全の準備をしたいのであれば、青少年の育成という部分にも取り組んで、そこで経験を積んでトップチームでのコーチをするというのも一つの手かもしれません。

森保はサッカーでこれだけの成功を収めた男です。彼を愛している人の多さがそれをよく物語っているではないですか。サッカー選手を辞めた後も、サッカー選手であった時と同じような成功を収《おさ》めてほしいと思います。そんな森保を私はまた見守っていきたいと思う。

あとがき

シーズン中、若手選手にこんなことを聞かれた。

「どうしても試合で緊張するんです。どうしたら平常心で試合に臨むことができるんですか?」

たぶん僕はこう答えたように思う。

「緊張しているってことはその試合のことを考えているわけだから、いろいろと準備をしているんだよ。その試合のことを理解しようとしているわけだから」

20歳前後の頃、僕は人一倍あがり症だった。マツダ時代、試合に出始めた頃は、試合前夜にほとんど眠れずに苦しんだ。そんな時、遠征先で同部屋だった風間八宏さんに僕はこんな質問をしたらしいのだ。

「試合で緊張しないようにするには、どうしたらいいんですか?」

風間さんの答えは、若手選手へアドバイスした僕の答えとほとんど一緒だった。今回、この本を執筆するにあたり、風間さんに取材をさせていただいた時、それが判明して思わず鳥肌が立った。

僕自身は風間さんに若手選手と同じ質問をしたことなど、すっかり忘れていた。15年前の風間さんのアドバイスが僕の頭の片隅に残り、それがいつのまにか自分の言葉になっていたのかもしれない。

今度は僕が若い選手にそうした言葉を伝えていく番なのだろう。ひょっとしたら風間さんも若い頃に先輩からそんなアドバイスを受けたのかもしれない。

思えば、僕は常にこうしてさまざまな人から、さまざまな言葉をもらいながら、プレーしてきた。自分一人だったら、とっくにユニフォームを脱いでいたことだろう。違った人生を歩んでいたはずだ。

とにかく、いろんな人から影響を受けた。

例えば、都並敏史さん。ドーハの時、ケガのためピッチに立てなかった彼は、それでも懸命にチームメートのバックアップに努め、日本代表チームの戦いをサポートしていた。

僕自身、ドーハの経験を活かすために、もう一度、ワールドカップに挑戦しようという気持ちでいっぱいだった。

１９９８年フランス・ワールドカップは、予選だけでもいいから出場して、代表の力になりたいという切《せつ》なる思いがあった。だからこそ、日本代表に招集されるよう必死にプレーしていた。しかし、残念ながら右足首の骨折が致命傷となった。1995年2月のポーランド戦が僕にとって最後の代表戦となってしまった。

日本代表の試合への出場は叶《かな》わなくなったが、代表への気持ちがなくなったわけではない。

1998年フランス・ワールドカップアジア最終予選、絶対に負けられないアウェーでの韓国戦を現地で観戦した。どうにかこうにかして手に入れたプラチナチケットは、韓国サポーター側の席だったため、選手たちが入場する際には、日本サポーターのいるスタンドに移動して、そこで君が代を歌った。

僕がマツダに入団した1980年代後半、日本のサッカー界はアマチュアからプロへの過渡《かと》期だった。その後、急速にプロ化へと移行し、僕自身1991年にプロ契約した。そして1993年、Jリーグ開幕。サッカーを取り巻く環境が劇的に変化した。日本のサッカーが新しい時代を迎えていた。僕が戦ったドーハでの日々はまさにその夜明け前、あるいは黎明《れいめい》期だったのかもしれない。

僕は小学校の卒業文集にこんなことを書いている。

「ぼくの夢は、大きくなったら、サッカーで実業団に入って、日本代表になることです」

そんなことを書いた記憶は全くない。

当時の自分が実業団や日本代表の存在をどれほど理解していたのか、さっぱり思い出せないのだが、それを読んでびっくりした。

僕は子どもの頃の夢を叶えていた。

本書の出版を企画し、僕のおぼつかない記憶をたどりながら、一緒にこの本を書いてくれた西岡明彦さんに感謝したい。彼が広島ホームテレビのアナウンサーだった頃からの付き合いだが、広島でも京都でも仙台でも、ずっと僕に励ましの言葉をかけ続けてくれた。

子どもの頃から、温かく僕を見守ってくれた父洋記、母万知子にも心から感謝したい。昼夜を問わず働いていた両親のおかげで、僕はなに不自由なくサッカーを続けることができた。

そして、最後に僕の家族に感謝したい。

妻由美子は長い間、自分を犠牲にして、すべてにおいて僕中心の生活を送ってくれた。

そして長男翔平、次男圭悟、三男陸の3人の息子たちよ。いつも大きなエネルギーを僕に与え続けてくれたね。どうもありがとう。

サッカー選手として最後まで勝負を諦めずにボールを追いかける姿勢を多くの人たちに伝えたかった。だからこそ、ボロボロになるまで僕はボールを追い続けてきたと自負《じふ》している。ポイチはそんなサッカー選手だったことを息子たちにも伝えたかった。

そして今改めて、僕を支えてくれたすべての人たちに感謝したい気持ちでいっぱいである。

2004年2月

ポイチこと森保一

森保一　Ｊリーグ＆日本代表出場の軌跡

【Ｊリーグ】

シーズン	所属		リーグ		カップ		天皇杯	
			出場	得点	出場	得点	出場	得点
1989/90	マツダ	日本リーグ2部	18	8	-	-	-	-
1990/91	マツダ	日本リーグ2部	19	8	-	-	-	-
1991/92	マツダ	日本リーグ1部	18	4	-	-	-	-
1992	サンフレッチェ広島	Jリーグ	-	-	8	1	-	-
1993	サンフレッチェ広島	Jリーグ	35	2	0	0	4	1
1994	サンフレッチェ広島	Jリーグ	40	3	1	0	3	0
1995	サンフレッチェ広島	Jリーグ	25	4	—	—	5	0
1996	サンフレッチェ広島	Jリーグ	26	3	14	2	5	0
1997	サンフレッチェ広島	Jリーグ	25	1	5	0	2	0
1998	京都パープルサンガ	Jリーグ	32	1	4	0	2	0
1999	サンフレッチェ広島	J1リーグ	27	1	3	1	0	0
2000	サンフレッチェ広島	J1リーグ	22	0	2	0	0	0
2001	サンフレッチェ広島	J1リーグ	16	0	3	0	1	0
2002	ベガルタ仙台	J1リーグ	27	0	6	1	2	0
2003	ベガルタ仙台	J1リーグ	18	0	3	1	1	0

【日本リーグ〔1989年～1992年〕】

日本リーグ初出場 :1989年日本リーグ２部第９節
日本リーグ初得点 :1989年日本リーグ２部第９節
日本リーグ戦合計 :55試合出場／ 20得点

＊

【Ｊリーグ(1992年～2003年)】

Ｊリーグ初出場 :1993年1stステージ第１節
Ｊリーグ初得点 :1993年1stステージ第６節
Ｊリーグ戦合計 :293試合出場／ 15得点
カップ戦合計 :49試合出場／ ６得点
天皇杯合計 :25試合出場／１得点

＊

【日本代表(1992年～1996年)】

国際Ａマッチ35試合出場／ １得点

【日本代表】

NO.	開催日	大会名	場所	対戦	勝敗	得点
1	1992.05.31	キリンカップ1992	国立	アルゼンチン	0●1	0
2	1992.06.07	キリンカップ1992	愛媛県営	ウェールズ	0●1	0
3	1992.08.22	ダイナスティカップ	北京	韓国	0△0	0
4	1992.10.30	アジアカップ	びんご	アラブ首長国連邦	0△0	0
5	1992.11.01	アジアカップ	広島	北朝鮮	1△1	0
6	1992.11.03	アジアカップ	広島	イラン	1○0	0
7	1992.11.06	アジアカップ	広島スタジアム	中国	3○2	0
8	1993.03.07	キリンカップ1993	博多の森	ハンガリー	0●1	0
9	1993.03.14	キリンカップ1993	国立	アメリカ	3○1	0
10	1993.04.08	1994年アメリカ・ワールドカップ予選	神戸ユニバ	タイ	1○0	0
11	1993.04.11	1994年アメリカ・ワールドカップ予選	国立	バングラデシュ	8○0	0
12	1993.04.15	1994年アメリカ・ワールドカップ予選	国立	スリランカ	5○0	0
13	1993.04.18	1994年アメリカ・ワールドカップ予選	国立	アラブ首長国連邦	2○0	0
14	1993.04.28	1994年アメリカ・ワールドカップ予選	ドバイ	タイ	1○0	0
15	1993.04.30	1994年アメリカ・ワールドカップ予選	ドバイ	バングラデシュ	4○1	0
16	1993.05.05	1994年アメリカ・ワールドカップ予選	ドバイ	スリランカ	6○0	0
17	1993.05.07	1994年アメリカ・ワールドカップ予選	アルアイン	アラブ首長国連邦	1△1	0
18	1993.10.04	アフロアジア選手権	国立	コートジボワール	1○0	0
19	1993.10.15	1994年アメリカ・ワールドカップ予選	ドーハ	サウジアラビア	0△0	0
20	1993.10.18	1994年アメリカ・ワールドカップ予選	ドーハ	イラン	1●2	0
21	1993.10.21	1994年アメリカ・ワールドカップ予選	ドーハ	北朝鮮	3○0	0
22	1993.10.28	1994年アメリカ・ワールドカップ予選	ドーハ	イラク	2△2	0
23	1994.05.22	キリンカップ1994	広島	オーストラリア	1△1	0
24	1994.05.29	キリンカップ1994	国立	フランス	1●4	0
25	1994.07.08	国際親善試合	瑞穂陸	ガーナ	3○2	0
26	1994.07.14	国際親善試合	神戸ユニバ	ガーナ	2○1	0
27	1995.02.15	国際親善試合	シドニー	オーストラリア	1●2	0
28	1995.02.21	ダイナスティカップ	香港	韓国	1△1	0
29	1995.02.23	ダイナスティカップ	香港	中国	2○1	0
30	1995.02.26	ダイナスティカップ	香港	韓国	2○2(PK5-3)	0
31	1995.06.06	アンブロカップ	リヴァプール	ブラジル	0●3	0
32	1995.06.10	アンブロカップ	ノッティンガム	スウェーデン	2△2	0
33	1996.02.10	国際親善試合	ウォロンゴン	オーストラリア	4○1	1
34	1996.02.14	国際親善試合	メルボルン	オーストラリア	0●3	0
35	1996.02.19	カールスバーグカップ	香港	ポーランド	5○0	0

協力者プロフィール

井原正巳 Masami IHARA

1967年9月18日生まれ。横浜F・マリノス、ジュビロ磐田、浦和レッズでプレーした日本を代表するDF。日本代表では1998年フランス・ワールドカップに出場を果たし、123試合出場5得点という歴代1位の出場記録を誇る。森保一とは1994年アメリカ・ワールドカップ予選をともに戦った。

今西和男 Kazuo IMANISHI

1941年1月12日生まれ。日本代表として1966年アジア大会に出場した経験を持つ。1984年にマツダ（現サンフレッチェ広島）の監督に就任し、1986年には日本リーグ1部昇格を成し遂げる。Jリーグ誕生後は、サンフレッチェ広島の総監督に就任。森保一とは彼がマツダ入団当時からの付き合い。

ハンス・オフト Hans OOFT

1947年6月27日生まれ。1992年に日本代表監督に就任。1994年アメリカ・ワールドカップ予選まで指揮を執った。1984年から1987年までマツダでコーチ、監督を務めた。Jリーグでは京都パープルサンガ、ジュビロ磐田、浦和レッズで采配を振るった。マツダ、京都、日本代表で森保一を指導。オフトとの出会いがなければはたして今の森保は生まれただろうか。

風間八宏 Yahiro KAZAMA

1961年10月16日生まれ。日本人史上3人目のヨーロッパプロ選手。ドイツではレムシャイトなどで活躍。1991年に帰国して、マツダ（現サンフレッチェ広島）に加入。引退する1995年まで森保一とは一緒にプレーした。

北澤豪 Tsuyoshi KITAZAWA

1968年8月10日生まれ。1991年に読売クラブ（現東京ヴェルディ1969）に加入すると、12年間同一クラブでプレー。森保一とは幾度も対戦した。森保一とは日本代表でともにプレーし、同学年であり、ポジションも同じことから、友人でありライバルでもあった。

小島光顕 Mitsuaki KOJIMA

1968年7月14日生まれ。1993年にサンフレッチェ広島に入団し、1999年にアビスパ福岡に移籍、2002年に引退。森保一とは同学年で、長崎県出身と共通点が多い。6年間プレーした広島では、ともに励まし合いながらチームを牽引。

清水秀彦 Hidehiko SHIMIZU

1954年11月4日生まれ。1991年から日産自動車（現横浜F・マリノス）の監督に就任すると、その年に天皇杯で優勝するなど、1994年まで指揮を執った。1998年、京都パープルサンガのコーチ時代に森保一の指導にあたる。その後、ベガルタ仙台の監督に就任すると、J1リーグ昇格をきっかけに森保一を呼び寄せた。

下田規貴 Kiyoshi SIMODA

1947年6月22日生まれ。元長崎日大高校監督。

その後、１９９3年11月に長崎フットボールクラブを設立し、代表兼ジュニアユースの監督を務める。森保一の長崎日大高校時代の恩師である。

高木琢也 Takuya TAKAGI
１９６7年11月12日生まれ。サンフレッチェ広島を始め、ヴェルディ川崎（現東京ヴェルディ１９６９）、コンサドーレ札幌で活躍。日本代表では45試合に出場し、27得点。アジアの大砲と呼ばれ、対戦相手から恐れられた。森保一とはマツダ時代も含めると7年間ともにプレーしている。

柱谷哲二 Tetsuji HASHIRATANI
１９６4年7月15日生まれ。１９８8年に日本代表に初選出。キャプテンを務めるなど、72試合に出場し、6得点という記録を持つ。１９９2年に日産自動車（現横浜F・マリノス）からヴェルディ川崎（現東京ヴェルディ１９６９）に移籍し、Jリーグでは１８３試合に出場13得点。１９９4年アメリカ・ワールドカップ予選では森保一と同部屋だった。

福田正博 Masahiro FUKUDA
１９６６年12月27日生まれ。１９８9年に三菱（現浦和レッズ）に入団。ミスターレッズという愛称で親しまれ、浦和レッズ一筋で過ごしたストライカー。１９９5年には日本人初のJリーグ得点王に輝いている。森保一とは日本代表でともにプレー。日本リーグやJリーグなどで、幾度も対戦している。

三浦知良 Kazuyoshi MIURA
１９６7年2月26日生まれ。日本を代表するストライカー。ヴェルディ川崎（現東京ヴェルディ１

969）でプレーし、京都パープルサンガへ移籍。その後、ヴィッセル神戸でプレー。日本代表では91試合出場56得点を記録。森保一とは1994年アメリカ・ワールドカップ予選をともに戦った。

ビム・ヤンセン Wim JANSEN

1946年10月28日生まれ。オランダ・ロッテルダム出身。セルティックなどで監督を務めた経験を持つ。昨シーズンは浦和レッズでオフト監督のサポート役を務めた。サンフレッチェ広島時代は監督として、京都パープルサンガ時代はコーチとして森保一を指導した。

【共筆者】西岡明彦 Akihiko NISHIOKA

1970年3月1日生まれ。スポーツコメンテイター。広島ホームテレビのアナウンサーとして、ニュース番組やスポーツ中継を担当。その後、イギリスへ渡り、本場のフットボール・ジャーナリズムを学ぶ。現在は、サッカー中継、及びサッカー情報番組を中心に活躍中。イングランドサッカーの専門誌である月刊「プレミアシップ・マガジン」では、スーパーバイザーを務める。森保一とは広島ホームテレビ時代の取材を通じて出会っている。

（敬称略、50音順に掲載）

写真　六川則夫
兼子慎一郎
共同通信社
産経新聞社
スポーツニッポン新聞社
株式会社フットメディア

森保　一　Hajime Moriyasu

1968年8月23日生まれ、長崎県出身。

長崎日大高校を卒業後、マツダサッカークラブ（現サンフレッチェ広島）に入団する。1992年に日本代表に初選出され、1994年アメリカ・ワールドカップ予選を経験。Jリーグ誕生後は、1994年シーズンにサンフレッチェ広島のステージ優勝に貢献する。

中盤で守備的MFとしてプレーし、キャプテンも務めた。

1998年には京都パープルサンガに1年間の期限付きで移籍するが、1999年には再びサンフレッチェ広島へ。2002年にベガルタ仙台に加入し、そこでもキャプテンを務めた。

2003年シーズン終了後、17年間にわたる現役生活を引退してサンフレッチェ広島強化部下部組織コーチとして新たなる一歩を踏み出した。

Jリーグでの成績は293試合出場、15得点。日本代表では35試合出場、1得点を挙げている。

サンフレッチェ広島の監督などを経て2017年10月東京五輪の男子代表監督に就任。2018年4月、ワールドカップロシア大会ではコーチ。2018年7月には日本代表監督に就任。2022年W杯カタール大会ではドイツ、スペインといった優勝経験国を破ってグループ首位で決勝トーナメント進出を果たした。


この作品は2004年3月、株式会社フロムワンより刊行の書籍を、再編集して新装復刊したものです。

ぽいち
森保一自伝――雑草魂を胸に――

二〇二三年一月二十六日　第一刷発行

著　　者――森保一／西岡明彦
編集人　発行人――阿蘇品蔵
発　行　所――株式会社青志社
〒107-0052　東京都港区赤坂5-5-9赤坂スバルビル6階
（編集・営業）
Tel：03-5574-8511　Fax：03-5574-8512
http://www.seishisha.co.jp/
本文組版――株式会社キャップス
印刷・製本――株式会社丸井工文社

ISBN 978-4-86590-149-8 C0095